VIDAS CON LEGADO

VENCER LO IMPOSIBLE

La vida de Ben Carson

VIDAS CON LEGADO

VENCER LO IMPOSIBLE

La vida de Ben Carson

JANET & GEOFF BENGE

EDITORIAL JUCUM

P.O. BOX 1138 TYLER, TX 75710-1138

Editorial JUCUM forma parte de Juventud Con Una Misión, una organización de carácter internacional.

Si desea un catálogo gratuito de nuestros libros y otros productos, solicítelos por escrito o por teléfono a:

Editorial JUCUM
P.O. Box 1138, Tyler, TX 75710-1138 U.S.A.
Correo electrónico: info@editorialjucum.com
Teléfono: (903) 882-4725
www.editorialjucum.com

VIDAS CON LEGADO

De esclavo a científico
La vida de George Washington Carver

Libertad y justicia para todos
La vida de William Penn

Huída hacía la libertad
La vida de Harriet Tubman

El empresario de los pobres
La vida de David Bussau

Imbatible
La vida de Louis Zamperini

Vencer lo imposible
La vida de Ben Carson

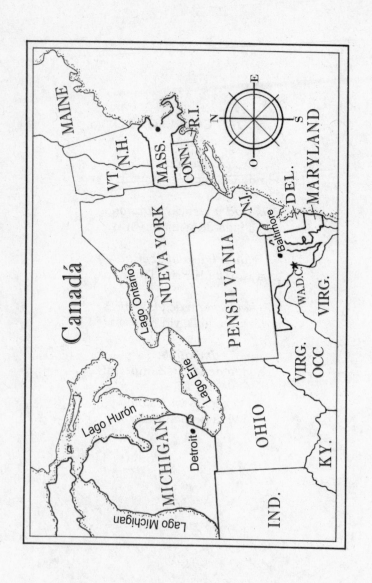

Índice

Capítulo 1

Una oportunidad de cambiar de vida

Las luces se atenuaron en el abarrotado teatro, y la cantante y actriz Vanessa Williams anunció:

—Bienvenidos a la gala de los premios Essence 1994, desde el teatro Paramount de la ciudad de Nueva York. Esta noche estamos aquí para honrar las vidas y logros de distintos afroamericanos que han realizado contribuciones significativas en sus respectivos campos de actividad.

Ben Carson se giró en su asiento. Detrás de él podía ver a su izquierda a Queen Latifah, junto a Quincy Jones y Denzel Washington. Por dondequiera que miraba se veía rodeado de famosos actores, actrices y cantantes. Casi tenía que pellizcarse para convencerse de que lo que estaba viviendo era real.

Uno a uno, los galardonados con los premios Essence fueron llamados al escenario. El primero en pasar fue Jesse Jackson, el líder de derechos humanos; después subió Spike Lee, el director de cine, seguido por el cómico Eddie Murphy y, finalmente, llamaron a Benjamin S. Carson. Ben se levantó y caminó hacia el escenario. Fue uno de los momentos más surrealistas de su vida. ¿Cómo era posible que estuviese en la misma categoría que aquellos que le rodeaban? Le resultaba difícil concebir que él, un neurocirujano pediátrico, fuera homenajeado públicamente junto a algunos de los hombres y mujeres afroamericanos más famosos del país.

De pie en aquel escenario, contemplando la multitud, Ben meditó en el rumbo que había tomado su vida. ¿Quién habría podido adivinar que él, un chico negro y pobre, procedente de un hogar monoparental de Detroit, acabaría siendo neurocirujano? Desde luego, no aquellos que en primaria le consideraban el tonto de la clase. Y ahora, allí estaba, no sólo era neurocirujano, sino que además recibía un homenaje por su trabajo: técnicas quirúrgicas experimentales que ofrecían a los niños nuevas esperanzas de vivir.

Bajo el resplandor de las luces del escenario, Ben retrocedió en su mente hasta su infancia. Era consciente de que las circunstancias podían haber llevado su vida por diversos caminos, algunos de ellos desastrosos. Sin embargo, gracias a la guía firme de su madre, se las había arreglado para avanzar hacia un futuro más gozoso y gratificante de lo que jamás habría podido imaginar. La madre de Ben había dado a su hijo la oportunidad de cambiar su vida, y él le estaba profundamente agradecido por ello. Ben recordó aquel día en Detroit cuando ella le dijo que su padre no regresaría jamás a casa. Aquello supuso el comienzo de grandes cambios en su vida.

Capítulo 2

«Éste ha dejado de ser su hogar»

Ben Carson tenía ocho años cuando se sentó en el porche delantero a esperar que su padre regresase a casa. Aunque no tenía reloj, sabía, gracias a las sombras que se movían por los escalones —primero por el peldaño inferior, luego por el siguiente— que su padre llegaría en cualquier momento. Mientras esperaba, se preguntó si su papá le traería un regalo. Robert Carson trabajaba en la planta de montaje que Cadillac tenía en Detroit. Aunque era consciente de que su padre no ganaba mucho dinero, la familia parecía tener todo lo que necesitaban y algo más: casa, automóvil, etc.; su padre incluso les compraba regalos caros sin motivo aparente. Ben estaba seguro de que su mamá era la única mujer de la calle que tenía un abrigo de visón en su armario, así como un anillo de diamantes de ochocientos dólares.

A Ben le encantaban las ocasiones en que su padre les traía alguna sorpresa a él y a Curtis, su hermano mayor. A veces le veían doblar la esquina del callejón llevando en sus manos una pelota de fútbol americano, o un kit para montar un avión a escala, y siempre lucía una gran sonrisa mientras les entregaba estas cosas a sus hijos. Otras veces agarraba a Ben y lo levantaba muy alto en el aire, llevándolo dentro y depositándolo en el sofá.

Cuando las sombras se alargaron y las luces de las calles empezaron a encenderse, Ben comenzó a sentir mucho miedo. Recordó la forma en que sus padres habían discutido aquella mañana. Su madre había dicho algo acerca de que aquello era «el final» y que «se habían tomado decisiones, y aquel era el resultado». Ben no había entendido de qué hablaba su madre, pero su voz tenía un tono duro que le había sorprendido. Su padre había permanecido en silencio; cuando terminaron no hubo bromas, ni risas, ni ninguna señal de reconciliación.

Ben siguió allí sentado pensando en estas cosas hasta que, al cabo de un rato, su madre, Sonya Carson, salió al porche, se limpió el delantal y durante un minuto permaneció allí en pie sin decir nada. Luego dijo:

—Entra, Bennie. No tiene sentido que te quedes aquí fuera y pilles un resfriado.

Ben no se movió.

—Estoy esperando a papá.

Sonya se agachó para mirarle directamente a los ojos.

—Escúchame, hijo. Tú papá no va a venir hoy a casa. Tampoco vendrá mañana. Ya no va a regresar; éste ha dejado de ser su hogar.

Ben sintió como si le hubieran dado un puñetazo en el estómago.

—Pero mamá, ¿por qué no es su hogar?, ¿dónde está papá?, ¿dónde ha ido?

—Se ha ido para siempre —dijo la madre de Ben incorporándose—. No espero que puedas entenderlo, pero tu padre ha hecho algunas cosas malas, realmente malas, Bennie. Ahora tiene que pagar por ellas, ya no va a regresar a casa. Tendremos que arreglárnoslas sin él lo mejor que podamos. No hagas más preguntas, sencillamente se ha ido. Eso es todo lo que necesitas saber.

—Sí mamá —dijo Ben, dejando que ella le guiase de vuelta al interior de la casa. Curtis estaba en el salón viendo en la tele un episodio de *Lassie*. Ben hubiera querido hablar con su hermano para preguntarle si sabía algo de por qué se había marchado su padre, pero no le salían las palabras.

Durante los siguientes meses, Ben intentó averiguar qué le había ocurrido a su padre. Se preguntó si estaría en la cárcel, pero un vecino le comentó que lo había visto en el parque con otros niños. En aquel momento sintió un gran ataque de celos. Era muy doloroso pensar que su padre estaba por ahí viviendo otra vida sin acordarse de él, ni de Curtis, ni de su mamá.

A pesar de ello, los Carson fueron acostumbrándose a ser una familia de tres personas, en lugar de cuatro. En 1959 esto no resultaba fácil. Ben no sabía que había muchos otros chicos y chicas que, al igual que él y Curtis, vivían en hogares monoparentales. Con su padre ausente, la madre de Ben tuvo que ponerse a trabajar limpiando casas para poder ganar dinero, por lo que él y su hermano se

quedaban solos casi todas las tardes. Ambos dejaban pasar el tiempo jugando a la pelota por el barrio
con los amigos o viendo la televisión. Aunque su madre trabajaba duro para que pudieran vivir de sus
ingresos —a veces tenía dos, y hasta tres trabajos a
la vez— no ganaba lo suficiente como para reempla-
zar el salario de su padre, por lo que Ben pronto dejó
de pedir juguetes y regalos.

En aquella época la vida de Ben experimentó otro
gran cambio: su madre empezó a ir a la iglesia. Al
principio, a Ben le resultó extraño asistir, pero pronto
descubrió que había muchas cosas que le gustaban.
Le encantaba escuchar cantar al coro, y también las
historias de misioneros en tierras lejanas que el pastor Ford solía utilizar para ilustrar sus sermones.

Poco después de su octavo cumpleaños, que
se celebraba el 18 de septiembre, Ben escuchó una
predicación que le dejó muy impresionado. Trataba
de unos ladrones que habían perseguido a un doctor misionero y a su esposa. La pareja había corri-
do sin parar hasta llegar a la cima de un acantilado, y como no podían bajar por él, se quedaron sin
escapatoria. Entonces, vieron una grieta profunda
en una roca, se introdujeron a gatas por ella y esperaron allí. Desde aquel lugar pudieron escuchar
a los ladrones correr hasta el borde del acantilado
y empezar a discutir entre ellos sobre qué les habría pasado a los misioneros. Al cabo de un rato,
los ladrones se marcharon, y el doctor y su esposa estuvieron a salvo. El pastor Ford les dijo que
si Dios había podido salvar a los misioneros, podía salvar a cualquiera. A Ben le conmovió aquel
mensaje. Sin su padre, se sentía muy solo. Cuando el pastor invitó a pasar al frente a aquellos que

quisieran entregar su vida a Jesucristo, él y Curtis acudieron al llamado.

Mientras la familia caminaba a casa desde la iglesia, Ben tuvo una seria conversación con su madre.

—Ya sé lo que quiero hacer —dijo.

Sonya se detuvo y dio a su hijo toda su atención. Ben anunció:

—Quiero ser médico. ¿Podría serlo?

Sonya miró a su hijo a los ojos.

—Escúchame —dijo—. Si le pides algo al Señor y confías en que Él te lo va a conceder, no hay duda de que así sucederá.

—Yo creo que puedo ser médico, mamá.

—Entonces, Bennie, sin duda serás un médico —dijo ella poniendo sus manos sobre los hombros de su hijo.

Unas semanas después, Ben y Curtis fueron bautizados. Ben estaba muy contento de haber encontrado una iglesia hogar de la que poder sentirse parte. Sin embargo, no permanecería allí mucho tiempo, Sonya Carson tenía otros planes.

Un día a finales de invierno, después de cenar, Sonya llamó a sus dos hijos a la cocina y les dijo:

—He estado pensando mucho sobre lo que podemos hacer, y creo que lo mejor es que dejemos Detroit y nos mudemos a Boston. Si nos quedamos aquí, acabaré retrasándome en el pago de la hipoteca y terminaremos perdiendo la casa. Es mejor que la alquilemos durante un tiempo y nos vayamos a vivir con la tía Jean y el tío Bill. Les gustará Boston. Está cerca del mar, y hay montones de cosas que hacer allí.

Ben no estaba tan seguro. Ni siquiera recordaba cómo eran la tía Jean y el tío Bill, lo que no era sorprendente, ya que tanto su padre como su madre provenían de familias muy numerosas. Su padre tenía trece hermanos y su madre era la más joven de una familia con veinticuatro niños. Sonya no solía hablar mucho de su infancia en el campo, que había transcurrido en Georgia y Tennessee, pero cuando lo hacía, pronto quedaba de manifiesto que su vida había sido muy diferente a la que había llevado Ben hasta entonces. Hasta donde Ben podía entender, parecía que sus abuelos no habían sido capaces de ocuparse de tantos niños, así que su madre había pasado de un hogar de acogida a otro. Sabía que su madre había sido infeliz, porque se había casado con su padre cuando él tenía veintiocho años y su madre tan sólo trece. A pesar de ello, a Ben no le costaba entender que su madre se hubiera sentido cautivada por su padre. Robert Carson medía un metro noventa, siempre iba inmaculadamente vestido y hablaba como un fanfarrón, o al menos eso decía la madre de Ben. Poco después de la boda, desde Chattanooga, Tennessee, se fueron a vivir a Detroit, donde Robert consiguió trabajo en la fábrica de Cadillac.

El día de la mudanza, cuando Sonya y sus dos hijos terminaron de empaquetar todas sus pertenencias, quien apareció para llevarles los más de mil cien kilómetros que los separaban de Boston fue Robert Carson. Al ver nuevamente a su padre Ben no supo si alegrarse o entristecerse. Le resultó extraño verlo hablar y reír con su madre y, al mismo tiempo, saber que su padre les ayudaba a cargar todas sus cosas en el auto con el propósito de llevarlos lejos de su hogar.

Mientras cargaban las maletas en el Cadillac, su madre le apretó la mano y le dijo:

—Tendrás que ser paciente, Bennie, pero no te desesperes. Algún día volveremos a nuestra casa de la calle Deacon. Ahora no podemos quedarnos y el dinero del alquiler nos vendrá bien para otras cosas, pero un día regresaremos a ella, te lo prometo.

La seguridad con que se lo dijo hizo que, mientras se alejaban de la única casa en la que había vivido, Ben se sintiera algo mejor.

A medida que avanzaban en dirección este, Ben se preguntaba cómo sería Boston, aunque no creía que fuese muy diferente de Detroit. Sin embargo, estaba equivocado; la tía Jean y el tío Bill Avery vivían en un apartamento situado en un desvencijado edificio de ladrillo de varias plantas en el que vivían muchas familias. Aquello no se parecía en nada a la casa que habían dejado atrás en Detroit, y aún le esperaba otra sorpresa: el edificio estaba repleto de cucarachas y ratas. A ojos de Ben, ni siquiera eran ratas normales, le parecían grandes como gatos y su mirada le resultaba siniestra.

Aunque la tía Jean y el tío Bill se esforzaban mucho por mantener a las cucarachas fuera del apartamento, les resultaba imposible. Cada vez que mataban una, otra aparecía por debajo de la puerta principal para ocupar su lugar.

Ben no podía soportar a las cucarachas, pero las ratas le aterrorizaban. Éstas vivían durante los meses de verano entre la maleza y los escombros que rodeaban el edificio. Pero al llegar el invierno migraban al sótano. Ben decidió que aquel era un lugar al que jamás entraría, al menos solo. Pero, incluso acompañado, le resultaba difícil encontrar un motivo lo suficientemente bueno como para bajar allí.

Jugar en la calle tampoco resultaba muy atractivo, al menos al principio. Los callejones de alrededor del apartamento estaban habitados por personas sin hogar, y muchas de ellas andaban casi siempre borrachas. Como las calles estaban cubiertas de basura y cristales rotos, Ben tenía que andar con cuidado. Por los alrededores del vecindario era frecuente escuchar el sonido agudo de las sirenas de la policía, mientras los autos patrulla se movían del escenario de un crimen a otro. Ben se sorprendió cuando, al cabo de unas pocas semanas en Boston, todo esto empezó a parecerle normal.

Poco después de mudarse a allí, Sonya Carson se marchó durante un mes dejando a sus hijos al cuidado de los Avery. A Ben no le importó mucho. La tía Jean y el tío Bill mimaban a los dos hermanos y Sonya siempre les escribía. Ben supuso que su madre había ido a visitar a unos parientes. A veces, incluso se preguntaba si no habría ido a visitar a su padre. Pero lo que sí sabía con seguridad es que no servía de nada hacer preguntas. Los adultos, es decir, su madre y sus tíos, habían levantado un muro de silencio imposible de atravesar para un niño de ocho años.

Ben se alegró mucho cuando su madre volvió a casa por Navidad, ¡y menuda Navidad! Los hijos de los Avery ya eran mayores y no vivían allí, así que el tío y la tía fueron con Ben y Curtis a comprar regalos. Cuando llegó el día de Navidad, derramaron sobre los niños una auténtica lluvia de juguetes y regalos. También lo hizo su madre. Ben apenas podía sostener todos los obsequios que había recibido. Dos de sus favoritos fueron un Buick a escala modelo 1959 y un juego de química.

Aunque le encantaba jugar con el Buick de juguete, lo que más le gustaba era hacer experimentos con su juego de química. Era capaz de sentarse en su dormitorio durante horas y absorber las instrucciones que acompañaban al juego, siguiéndolas cuidadosamente, paso a paso, para así realizar los experimentos. No tardó mucho en aprender a teñir el papel tornasol de rojo o de azul mediante ácidos y bases, y le gustaba ver como los diferentes productos químicos reaccionaban entre sí al mezclarlos en un tubo de ensayo. Un día, mientras realizaba uno de aquellos experimentos, consiguió crear un líquido con aroma a huevos podridos, olor que no tardó en llegar a cada rincón del apartamento. Sus tíos, su madre y su hermano tuvieron que taparse la nariz, pero él casi se muere de risa. El juego de química fue verdaderamente un gran regalo de Navidad.

Capítulo 3

El último de la clase

—Tengo buenas noticias para ustedes —dijo Sonya Carson a sus hijos—. Ya llevamos dieciocho meses viviendo en Boston, ha llegado el momento de volver a casa.

—¿A nuestra casa en Detroit? —preguntó Ben lleno de esperanza.

—A Detroit, sí, pero todavía no a nuestro antiguo hogar, Bennie. Aún no, todavía necesitamos ahorrar un poco más de dinero, pero he encontrado un lugar para alquilar cerca de donde vivíamos antiguamente, de forma que podrán volver a asistir al colegio de primaria Higgins. Esto nos acerca un paso más a nuestro objetivo.

—¿Qué tipo de casa has encontrado? ¿Es como esta? —preguntó Ben.

—No —respondió su madre—. Es un poco diferente. Se trata de una gran casa de color blanco que

21

antiguamente era una pensión. Ahora viven allí varias familias. Nos alojaremos en la última planta, y tendremos dos habitaciones para nosotros.

A Ben le daba vueltas la cabeza. Estaba ansioso por volver a Detroit y a la vida despreocupada que había llevado allí. Quizá, incluso su padre volviese a vivir con ellos.

Una semana después, el tío Bill Avery condujo a la familia Carson de vuelta a Míchigan. Cuando llegaron, Bill estacionó el automóvil junto a una gran casa construida con tablones blancos de madera y situada junto a las vías del ferrocarril en Delray, en la zona suroeste de Detroit. La casa se levantaba justo en medio de una zona residencial que se había ido convirtiendo en un área industrial. No era tan mala como el apartamento en Boston, pero tampoco era tan buena como su antigua casa.

Ben y Curtis compartían un cuarto y pronto se adaptaron a su nueva situación. La cosa cambió cuando llegó el momento de volver a la escuela. En Boston los niños habían asistido a un pequeño colegio parroquial, ya que su madre creía que les proporcionaría una mejor educación. Hasta que no volvieron a Detroit no comprendieron el error que habían cometido.

El primer día de Ben en quinto curso las cosas fueron bien. Su madre se aseguró de que tuviese libros y lápices nuevos, y de que sus ropas fueran como las de los demás niños. Sólo Ben sabía que la ropa que vestía había sido adquirida en un ropero de caridad y remendada por su madre. Pero a los pocos días de empezar a asistir al colegio de primaria Higgins, a Bennie se le hundió el corazón. Sus antiguos compañeros de hacía dos años se encontraban

ahora muy por encima de su nivel. Una asignatura
tras otra, Ben comprendió que era el último de la
clase. No conseguía recitar las tablas de multiplicar
cómo los demás estudiantes, no sabía cómo deletrear algunas de las palabras de la prueba sema-
nal de deletreo, y su mente se quedaba en blanco
cuando le pedían que escribiese una oración. Pronto
empezó a sentir pánico de ir al colegio. Buscaba a
su alrededor alguna cara amiga, pero no encontraba
ninguna. La mayoría de los chicos eran blancos, y
no tenían tiempo que perder con aquel chico negro
tan «torpe».

Ben no quería que su madre se diese cuenta de
lo angustiado que estaba. Sabía que ella ya tenía
suficientes preocupaciones, pues debía trabajar en
dos o tres lugares en los que tenía que cuidar a los
niños de otras familias, o hacerles la colada y otras
tareas domésticas. Muy a menudo, Ben escuchaba
a su madre llegar por la noche, abrir rechinando la
puerta de su cuarto, y entrar a hurtadillas en su
habitación, cuando él ya estaba en la cama y se suponía que debía estar durmiendo.

El colegió no tardó mucho en convertirse en su
tortura particular; cada día era peor que el anterior.
Los viernes eran especialmente malos: era el día de
los exámenes semanales de deletreo y matemáticas,
y a Ben le resultaba imposible disimular su bajo desempeño. Era el último de la clase y los demás niños
lo sabían. A consecuencia de ello, siempre estaba
intentando imaginar formas creativas de mejorar las
cosas. En cierta ocasión no fue capaz de deletrear
correctamente ni una sola de las palabras del examen, pero cuando la profesora pronunció su nombre para pedirle que dijera cuántas había acertado,

se las arregló para pronunciar «ni una» de una forma tan peculiar que la profesora entendió «nueve».

—¡Nueve! —exclamó su maestra, la Sra. Williamson—. Vaya, Benjamín, eso es estupendo. Nueve de treinta es tu mejor resultado hasta ahora.

De repente, la niña del asiento de al lado se inclinó hacia delante y dijo:

—¡Sra. Williamson, Sra. Williamson, lo que Ben ha dicho es «ni una», y no «nueve»!

Toda la clase empezó a reír, mientras Ben se hundía en su pupitre. Le hubiera gustado ser invisible, pero no lo era; y tampoco lo eran sus notas.

A Ben le aterrorizaba el momento de tener que llevar a casa sus ejercicios. Al principio su madre se quedó muy sorprendida de que sus notas fueran tan malas, pero entonces decidió cambiar de táctica.

—¡Bueno, es una suerte que seas un chico tan brillante! —decía sonriendo—. Un jovencito tan listo como tú no tendrá problemas para conseguir que mejoren sus calificaciones.

—Creo que ya lo hago un poco mejor —respondía Ben.

—No basta con hacerlo un poco mejor, Bennie, ¡debes hacerlo lo mejor que puedas! Sigue mi consejo y acabarás siendo el mejor de la clase. ¡Así de brillante eres!

A Ben le resultaba descorazonador oír hablar de ese modo a su madre. *¿Acaso no entendía lo imposible que le resultaba hacer las cosas bien en quinto curso?*

Un día, después de que su madre le animase otro poco, Ben contraatacó.

—Pero mamá, fíjate en esto —dijo señalando una lista de tablas de multiplicar apuntadas en la parte de atrás de su cuaderno—. La Sra. Williamson dice que tenemos que sabérnoslas todas, pero eso es imposible.

Tan pronto como las palabras salieron de su boca, Ben supo que había metido la pata.

—¿¡Imposible!? —le reprendió su madre con las manos en las caderas—. Esa palabra no está en nuestro vocabulario, Benjamín Solomon Carson. Tú lo sabes. Nada es imposible. Fíjate en mí, yo dejé el colegio en tercero de primaria y me sé las tablas de multiplicar hasta el doce. ¿Qué tienes que decir a eso, Bennie?

Ben sabía que no debía abrir la boca; su madre se había lanzado a probar que tenía razón.

—¡Imposible! ¡Imposible! Ya veremos. Vas a aprenderte esas tablas de multiplicar. A partir de mañana no volverás a salir a jugar fuera después del colegio, hasta que te las hayas aprendido todas.

—Pero, mamá...

—Ni se te ocurra poner un pero, Bennie. Con la ayuda de Dios lograrás borrar el *im* de la palabra *imposible* y hacer que se transforme en algo posible.

—Sí, mamá —dijo Ben, pero el simple pensamiento de tener que aprenderse todas aquellas tablas le llenó de temor.

Al final, aprenderse las tablas de multiplicar no resultó ser tan difícil como había creído. Una vez que se hizo a la idea de que no saldría a jugar hasta que se las supiese todas, se armó de paciencia y se las aprendió. Y una vez que se supo las tablas de multiplicar, el resto de las matemáticas se le hicieron más fáciles y sus notas en esa asignatura pasaron de F a D.*

---

* Nota del traductor:
A= Excelente/ sobresaliente, B= Bueno, C= Aceptable/ aprobado,
D= Deficiente, F= Muy deficiente/ pésimo

Un día justo antes de las navidades, Ben guardaba fila junto con otros estudiantes de su clase a la espera de que llegase su turno para que le examinasen la vista. Aquello formaba parte de la rutina del quinto curso. Cuando llegó su turno, una enfermera le leyó el contenido de una tarjeta.

—Benjamin Carson, nacido el 18 de septiembre de 1951, ¿correcto?

Ben asintió. De repente, le invadió una gran sensación de vergüenza.

—Permanece en pie aquí delante. Cierra tu ojo derecho y lee lo que pone en este cartel como lo ha hecho Chuck antes —dijo la enfermera.

Ben se acercó a la posición indicada y cerró obedientemente su ojo derecho. Con su ojo izquierdo, podía distinguir la letra *T* en la línea superior, pero no sabía si lo que había al principio de la siguiente línea era una *A* o una *H*. A Ben empezó a disparársele el corazón, estaba a punto de suspender otro de los exámenes del colegio.

—Continúa. ¿Puedes leerme la siguiente línea? —preguntó la enfermera.

—No —respondió Ben balbuceando—. Está demasiado borrosa.

—Inténtalo con el otro ojo.

Ben hizo como le habían pedido y cerró su ojo izquierdo. Pero las letras que veía con su ojo derecho estaban igual de borrosas.

—Muy bien —dijo la enfermera—. ¿Sabes que tienes problemas de visión?

Ben negó con la cabeza. No tenía ni idea de que no podía ver tan bien como los demás compañeros de clase.

Aquella noche llevó a casa una nota para su madre y, a la semana siguiente, ambos fueron a ver a un oftalmólogo, que proporcionó a Ben unas gafas de pasta negra. Ahora podía ver cosas que antes ni siquiera sabía que estaban allí. Al día siguiente, en el colegio, Ben fue capaz de leer la fecha que la Sra. Williamson escribió en la pizarra con su cursiva perfecta. Era la primera vez que la veía. Siempre se había preguntado en qué fecha estarían. También se le aclararon otras cosas, como los gráficos y los mapas colgados por las paredes de la clase. Al finalizar el día, comenzó a sentirse esperanzado. Con sus nuevas gafas quizá consiguiese transformar sus F en D, e incluso sacar alguna C en una o dos asignaturas.

A mediados de año, Ben se sentía satisfecho con su progreso, pero cuando le enseñó a su madre el boletín con las notas a ella no le pareció suficiente.

—Puedes hacerlo mejor, mucho mejor, Bennie. Puedes ser el primero de la clase, ¡el primero! Tú eres así de listo, no te conformes con menos.

—Pero mamá, lo intento con todas mis fuerzas. Esto es lo mejor que puedo hacer —dijo Ben con gran sentimiento.

—No lo creo —respondió su madre—. Puedes hacerlo mejor. Sé que puedes. Voy a encontrar la manera de ayudarte. Le preguntaré al Señor cómo conseguirlo. Recuerda, si Dios está de tu parte nada es imposible.

Ben no volvió a acordarse de esta conversación hasta la noche siguiente, cuando él y Curtis estaban tirados en el suelo viendo Bugs Bunny por la televisión. Su madre volvió del trabajo y puso su bolso en una silla.

—¡Buenas noticias! —exclamó—. El buen Señor me ha mostrado cómo puedo ayudar a mis chicos.

Ben vio como su madre se acercaba al televisor y lo apagaba. Ambos hermanos se sentaron.

—¿Por qué has hecho eso? —preguntó Curtis.

Sonya se giró hacia ellos y sonrió.

—Ustedes ven demasiada televisión. A partir de ahora eso se va a acabar.

Ben notó el tono serio de la voz de su madre.

—Pero, mamá, no vemos tanta televisión como los Jessup, los vecinos del piso de abajo, y yo aprendo muchas cosas de la televisión. Hasta los chicos que son primeros de la clase pueden ver la televisión.

—¡Me parece muy bien, pero mis chicos listos harán las cosas de un modo diferente! —replicó su madre—. A partir de ahora las cosas serán distintas; pueden ver dos programas a la semana, eso es todo.

Curtis gruñó y alzó la vista desesperado al cielo. Ben no se atrevió a expresar su disgusto.

—¡Ya basta, Curtis! —exclamó enfadada su madre—. Hago esto para ayudarlos. ¿Acaso creen que no sé lo que hago? Me paso el día trabajando en casas de gente rica, ¿y saben lo que veo? No se pasan el día mirando dibujos animados en la televisión. No señor, están ocupados, siempre ocupados. ¿Y saben lo que hacen para estar tan ocupados? —hizo una pausa y añadió—. Están ocupados leyendo libros. Todo tiene que ver con los libros. La gente rica lee libros, tienen habitaciones llenas de libros, auténticas bibliotecas en sus propias casas. La gente rica ha llegado adonde ha llegado gracias a la lectura, y ustedes van a hacer lo mismo. No quiero que desperdicien el resto de sus vidas viviendo de esta manera. No tienen por qué ser pobres. Cuando sean mayores, no tienen por qué trabajar en una fábrica. Los libros son su billete de salida para abandonar esta situación. Estoy segura.

—Sí, mamá —respondió Ben intentando sonar entusiasmado. Pero lo cierto es que odiaba leer y siempre que podía intentaba librarse de tener que hacerlo.

—¡Estupendo! —dijo Sonya—. Esto es lo que van a hacer a partir de ahora. Al terminar el colegio, en lugar de ponerse a ver la televisión, irán a la biblioteca pública y tomarán prestados algunos libros, por lo menos dos a la semana, y pasados siete días me darán un informe completo de lo que hayan leído.

Ben deseaba decirle a su madre que aquello era imposible, pero entonces se acordó de lo que opinaba ella acerca de tal palabra. No obstante, parecía realmente difícil poder leer dos libros enteros en sólo una semana. ¿Cómo podría lograrlo?

—Puedes hacerlo, Bennie. Yo sé que puedes —dijo la madre de Ben sonriendo—. Si lees libros podrás descubrir todas las cosas. Los libros son ventanas abiertas a otros mundos. Tendrás éxito en la vida y te ayudará a conseguir tus objetivos.

Ben intentó sonreír, pero no pudo.

Al día siguiente por la noche, un jueves, los chicos Carson caminaron las siete manzanas que les separaban de la sucursal de Campbell de la Biblioteca Pública de Detroit, situada en la calle West Fort. No dejaron de refunfuñar durante todo el trayecto. Al llegar, una bibliotecaria les ayudó a sacar los carnets de la biblioteca y después les preguntó en qué estaban interesados.

—En los animales —dijo Ben.

—En los aviones —respondió Curtis.

—Estupendo, muchachos —dijo la bibliotecaria—. Déjenme que les muestre dónde pueden encontrar libros sobre esos temas. En esta biblioteca utilizamos un método llamado sistema decimal

Dewey. Todos los libros que no son de ficción, es decir, que tratan hechos de verdad, tiene un número en el lomo, y los libros se colocan por orden en las estanterías. Podemos encontrar un montón de libros sobre animales a partir del 500, y los libros sobre aviones están más allá, en el 600.

—Muchas gracias, señora —dijo Ben cuando la bibliotecaria le dejó frente a una estantería con libros.

Se puso a mirarlos y tomó unos cuantos volúmenes. Uno era un libro sobre diferentes tipos de perros, y otro trataba sobre lagartos y serpientes. Un tercer libro atrajo la atención de Ben. Se titulaba *Chip: el constructor de presas*, y tenía en la portada la imagen de un castor royendo el tronco de un árbol. Ben abrió el libro por la primera página y leyó lentamente: «Todavía era muy de noche cuando Chip, el sabio líder de la colonia de castores, comenzó a sentirse inquieto. No sabía por qué, no había nada que justificase su sensación de peligro. Lo único que sabía el castor es que había algo que no estaba como debería».

Ben se llevó el libro a una mesa y se sentó. Hojeó las páginas del volumen y vio que tenía ciento treinta. ¿Conseguiría leer ciento treinta páginas en una semana y escribir un informe sobre el libro? Parecía imposible. Pero entonces a Ben se le ocurrió algo en lo que nunca había pensado. ¿Era realmente imposible leer tanto o simplemente se había acostumbrado a decirse a sí mismo que lo era? Continuó leyendo. Cuando llegó el momento de regresar a casa con Curtis estaba tan interesado en las aventuras de Chip y los demás castores que decidió tomar prestado el libro de la biblioteca y llevárselo con él.

Al finalizar la semana, Ben se lo había terminado por completo y había realizado el informe que tenía que entregar. Aunque seguía encantándole salir a la calle para jugar con sus amigos, se dio cuenta de que también le encantaba leer. Se quedó asombrado al descubrir que era mucho más emocionante leer sobre Chip el castor, que mirar los dibujos de Bugs Bunny en la televisión.

Cada lunes por la tarde, Ben y Curtis devolvían sus libros a la biblioteca y tomaban prestados otros nuevos. Los bibliotecarios no tardaron en familiarizarse con ellos y saber el tipo de libros que les gustaba leer. A veces, cuando llegaba un nuevo libro sobre animales, la bibliotecaria se lo reservaba a Ben para que pudiese ser el primero en tomarlo prestado. No tardó mucho en leerse todos los libros que tenían sobre animales, así que pasó a interesarse por los que trataban sobre la naturaleza. Un libro que le interesó especialmente fue un volumen que explicaba cómo se formaban las rocas. Pronto empezó a coleccionar las rocas que se encontraba en sus caminatas. Entre la gravilla de los bordes de la carretera consiguió encontrar piedras intrigantes, y entre las rocas aplastadas que se hallaban junto a las vías del ferrocarril se podían encontrar ejemplares fascinantes. Un día, Ben encontró una roca negra y brillante parecida al carbón. La buscó en el libro de rocas que había en la biblioteca y descubrió que se llamaba obsidiana. Allí pudo leer sobre cómo se formaba ese tipo de roca y dónde solía encontrarse.

Una semana después, el Sr. Jaeck, el profesor de ciencias, sostuvo un pedazo de roca negra entre sus manos.

—¿Alguien sabe cómo se llama esta roca? —preguntó a la clase.

Ben lo sabía, pero nunca levantaba su mano en clase para responder a una pregunta, ya que no quería que nadie se riera si estaba equivocado. Así que permaneció quieto, esperando a que uno de los «chicos listos» respondiese a la pregunta. Pero nadie lo hizo.

—¿Nadie sabe lo que es esto? —insistió el Sr. Jaeck.

De repente, Ben sintió como su mano se disparaba hacia el cielo.

—¿Ben? —preguntó el profesor.

Tras respirar profundamente, Ben dijo:

—Es obsidiana, y se forma al enfriarse la lava de los volcanes. En un 70% es dióxido de silicio, y es muy apreciada en muchas culturas tradicionales porque rompiéndola se puede obtener un borde muy afilado. Lo más probable es que los nativos americanos que vivían en esta zona la usaran para hacer puntas de flecha.

Cuando terminó de hablar, miró a su alrededor y vio que todo el mundo se había girado y le observaba fijamente, incluso el Sr. Jaeck.

—Muy bien, Ben. Tu respuesta ha sido absolutamente perfecta —dijo el profesor de ciencias.

Ben se sintió como si fuera a estallar de gozo. Nunca jamás nadie le había dicho algo parecido en la escuela.

Al terminar la clase, el Sr. Jaeck le pidió a Ben que se quedase un poco más.

—Veo que sabes un montón de ciencias —dijo—. ¿Qué te parecería si al terminar el horario de clases te pasaras por el aula de ciencias y me ayudases a alimentar al lagarto y a los peces? Si lo haces, podríamos aprovechar para mirar por el microscopio cómo es la obsidiana.

A Ben le encantó realizar tareas extraescolares en el laboratorio de ciencias, y se sintió especialmente fascinado por el microscopio. No tardó en recoger muestras de agua de un arroyo cercano para estudiarlas en ese aparato.

Al pensar en su nuevo interés por las ciencias, Ben se dio cuenta de que todo había tenido que ver con el hecho de apagar la televisión y leer libros de la biblioteca. De hecho, se dio cuenta de que leer libros le estaba ayudando en todas sus asignaturas. Mejoró en matemáticas, y cada vez podía deletrear mejor. Al finalizar quinto curso, su confianza en su capacidad de aprender estaba por las nubes, así como sus notas. Por primera vez se sintió orgulloso de llevar el boletín de notas a casa, que consistía principalmente en notas B, con una A en ciencias.

—Sabía que podías hacerlo, Bennie —dijo su madre encantada—. Eres un chico listo, y éste es sólo el principio. ¡Puedes hacer cualquier cosa que te propongas!

Por primera vez, Ben le creyó.

Capítulo 4

«Si te volvemos a ver, te mataremos»

En otoño de 1963, Ben empezó a asistir al colegio Wilson. Estaba a punto de cumplir doce años y era más alto y más delgado que la mayoría de los chicos de su clase. Había también otra diferencia: casi todos los demás chicos del colegio eran blancos. Ben y Curtis, que estaban en séptimo y noveno grado, eran dos de los pocos estudiantes negros que había en la escuela. Lo cierto es que Ben no había pensado mucho hasta entonces en el asunto de las razas. Su madre no hablaba de ello, excepto para contarles lo duro que había sido para ella crecer como una chica negra y muy pobre en Georgia y Tennessee. Pero, por lo que Ben escuchaba en la radio, el país parecía envuelto en aquel momento en un tenso debate sobre la igualdad y los derechos civiles de la población negra.

Tres días antes de su duodécimo cumpleaños, Ben escuchó una noticia especialmente preocupante. La mañana del domingo 15 de septiembre de 1963, cuatro chicas habían muerto y otras veintidós personas habían resultado heridas al estallar una bomba en una iglesia bautista afroamericana situada en la calle 16 de Birmingham, Alabama. Cuatro hombres blancos, miembros del Ku Klux Klan, habían puesto bajo las escaleras del sótano una caja de dinamita programada para estallar durante el culto. A Ben le resultó muy duro y atemorizador comprender que algo tan sencillo como ir a la iglesia podía costarte la vida. Se suponía que la iglesia debía de ser un lugar de amor y esperanza.

Ben intentó no pensar en el hecho de ser un chico negro en un vecindario predominantemente blanco, pero un día alguien se lo recordó de una forma aterradora. En la época en que empezó a asistir al colegio Wilson, una de las cosas que había esperado con más ilusión había sido la posibilidad de ir al colegio subiéndose en marcha a un tren de mercancías. Esto era posible gracias a que las vías del tren corrían paralelas a la carretera que llevaba a la escuela, y a que los trenes disminuían su velocidad al llegar a un cruce situado justo al final de la calle donde vivía Ben. Curtis llevaba ya dos años saltando al tren y era un experto en la materia; al ver pasar un convoy solía arrojar riendo la funda de su clarinete al primer vagón de plataforma plana que pasara, luego dejaba avanzar el tren y se subía al último de los vagones de ese tipo. A continuación, corría y saltaba de vagón en vagón, avanzando del último al primero, para así recuperar su clarinete antes de saltar en marcha del tren ya cerca de la puerta del colegio. Ben no era tan valiente. No saltaba de vagón en vagón, como su hermano, y sólo se subía a los trenes que circulaban más despacio. Pero aún así disfrutaba de la emoción de saltar y sujetarse a un tren en movimiento.

Un día en el que Curtis se había ido temprano al colegio, Ben corrió solo junto a las vías del tren, esperando la oportunidad de saltar a un vagón. Sin embargo, no estaba tan solo como creía. Como surgidos de la nada, de repente vio a un grupo de estudiantes blancos de la escuela que caminaban hacia él con mirada decidida. Uno de ellos llevaba un gran palo. Al verlos, Ben sintió que se le secaba la boca. Miró a su alrededor para ver si había alguna forma de escapar, pero se dio cuenta de que no iba a lograr escabullirse, así que decidió salir al encuentro de ellos con valentía.

Pronto, aquellos muchachos se encontraban a tan sólo unos metros de él.

—¡Eh, chico! —gritó uno de ellos.

Ben se quedó paralizado. Miró a su alrededor pero no vio a nadie a quien acudir en busca de auxilio. El que llevaba el palo se adelantó, levantó el palo en el aire y dejándolo caer le propinó un golpetazo en el hombro derecho.

Ben permaneció quieto, con la cabeza gacha y la mirada en el suelo, con la esperanza de que los chicos se marchasen. Pero no lo hicieron, sino que empezaron a mofarse de él y dedicarle insultos racistas. Ben se imaginó el titular del periódico: «Chico negro hallado muerto en el camino a la escuela». ¿Llegaría alguien alguna vez a averiguar lo que le había ocurrido?

Ben esperó a recibir un segundo golpe, pero en lugar de ello uno de los chicos dijo:

—Se supone que los chicos negros no deben ir a la escuela Wilson. Ese no es tu sitio. Si te volvemos a ver por allí te mataremos. ¿Te ha quedado claro?

—Supongo que sí —dijo Ben balbuceando.

—Decídete, sí o no —replicó bruscamente el chico del palo, aguijoneando con él a Ben en el estómago.

Ben sintió como si fuese a vomitar.

—Sí —respondió casi sin poder respirar.

—Entonces sigue tu camino. Corre, chico. Corre lo más rápido que puedas. Y no vuelvas a cruzarte en nuestro camino. ¡Si te volvemos a ver, te mataremos!

Ben echó a correr y no miró atrás hasta llegar a la escuela. Aquel día le resultó difícil concentrarse en las tareas escolares, y esa situación se prolongó durante un tiempo. Nunca volvió a saltar a un tren para ir al colegio, ni tampoco a caminar junto a las vías, por miedo a encontrarse de nuevo con aquel grupo de chicos. Tampoco le contó a su madre lo ocurrido, ya que no estaba seguro de su reacción. Le preocupaba que pudiese sacarlo inmediatamente del colegio, ¿y si lo hacía, qué iba a ser de él?

Ben pasó los siguientes días tratando de convencerse a sí mismo de que el encuentro con aquellos muchachos no le había afectado realmente, pero en su interior sabía que no era cierto. Se sentía enfadado con el mundo. Al mirar a su alrededor, veía a gente que tenía más dinero que él, gente que no necesitaba ir por ahí a escondidas a comprar pan y leche con cupones para alimentos, intentado pasar desapercibida. Veía a los demás estudiantes con mejores ropas y con bicicletas. Y no importaba lo mucho que se dijese a sí mismo que debía contentarse con lo que tenía, aquella rabia hervía en su interior. A veces le desbordaba y creaba el caos.

En cierta ocasión, Ben respondió de forma incorrecta a una pregunta de su clase de inglés de séptimo grado, y se sintió muy avergonzado. Una vez terminada la clase, se dirigió por los pasillos abarrotados en dirección a su taquilla seguido por Jerry, uno de sus compañeros.

—Tu respuesta ha sido muy tonta, una de las más estúpidas que he oído en lo que llevamos este año —dijo Jerry.

Ben no quería hablar de ello, pero su compañero estaba empeñado en sacar el tema. Finalmente, replicó:

—Supongo que tienes razón. Pero tú también has dicho algunas cosas muy estúpidas en clase. —Ben pudo ver en la cara de Jerry que aquella respuesta no le había hecho gracia.

—¿Cuándo? —respondió su compañero bruscamente.

—La semana pasada —dijo Ben.

—De eso nada, lo que tú has dicho ha sido mucho más estúpido.

A Ben empezó a hervirle la sangre. Podía sentir la rabia creciendo en su interior. ¿A quién creía Jerry que le estaba hablando? Tomó la decisión de ignorarlo, con la esperanza de que se fuese. Pero no lo hizo. Siguió a Ben todo el camino hasta su taquilla, recordándole su respuesta incorrecta en la clase de inglés. La tensión fue en aumento.

Ben acababa de abrir su taquilla cuando, finalmente, Jerry le empujó. Aquello fue demasiado. La rabia de Ben se desbordó. No le importó que Jerry fuera un muchacho fornido y diez kilos más pesado que él. Ben se dio la vuelta y, con el candado de la taquilla todavía en la mano, le propinó un fuerte puñetazo en la frente. Jerry retrocedió tambaleándose, mientras la sangre empezaba a correrle por las mejillas procedente de un corte situado encima de un ojo; de inmediato se puso a gritar y varios profesores se acercaron rápidamente a ver lo que había sucedido. Ben fue conducido al despacho del director, donde intentó explicar que no había tenido la intención de hacer daño a su compañero.

—Si hubiese recordado que llevaba el candado en la mano no le habría pegado. No quería hacerle tanto daño. Ha sido un accidente —le dijo al director.

Tras disculparse ante Jerry por lo que había hecho, Ben recibió una amonestación. En realidad, no necesitaba que nadie le disciplinase, ya que él mismo se avergonzaba de lo sucedido. Se suponía que era cristiano, y un cristiano no debía arremeter contra una persona y pegarle en un ataque de ira. Se prometió a sí mismo que nunca más dejaría que su rabia tomase el control de sus actos.

Ben intentó convencerse a sí mismo de que la pelea con Jerry había sido un incidente aislado, de que ahora era capaz de controlar su temperamento y que aquello no volvería a suceder. Sin embargo, varias semanas después, tuvo un nuevo ataque de rabia incontrolable, y esta vez la víctima fue su madre.

Sonya acababa de llegar a casa con un nuevo par de pantalones para Ben, quien nada más verlos sintió crecer la ira en su interior.

—Jamás pienso ponérmelos —dijo bruscamente—. Son feos, y no son del tipo que quiero.

—Pero necesitas unos pantalones nuevos, Bennie. Toma, pruébatelos —respondió su madre pasándole los pantalones.

—He dicho que no pienso usarlos —dijo Ben alejándolos de él con un manotazo.

Los pantalones volaron al otro extremo de la habitación. Sonya fue calmadamente a recuperarlos, los dobló y los dejó en una silla.

—Tendrás que acostumbrarte a ellos. Los he comprado, y ya no puedo devolverlos a la tienda —dijo firmemente.

—Me da igual. No son el tipo de pantalones que quiero vestir.

—Lo lamento, pero me han costado mucho dinero. Te acostumbrarás a ellos. Tendrás que aprender que en la vida uno no siempre puede tener lo que quiere. No tenemos más remedio que apañarnos.

—No en mi caso —dijo Ben—. Tendré lo que quiera. Lo tendré. Espera y verás.

A medida que hablaba sentía que la ira se iba apoderando de él. Podía sentirla inflamando su cuerpo. Antes de que pudiese darse cuenta de lo que estaba haciendo, había levantado el brazo para golpear a su madre. Estaba a punto de hacerlo cuando Curtis le bloqueó desde atrás, sujetándole los brazos al costado. De nuevo, Ben se avergonzó de sus actos. Todo lo que podía hacer era prometerse a sí mismo que se esforzaría más en controlar su temperamento

A pesar de tener que luchar para controlar su ira, Ben continuó progresando en sus estudios. De hecho, acabó convirtiéndose en el primero de la clase, y ganó el premio al estudiante con mejores notas del séptimo grado. Curtis consiguió el mismo galardón para el noveno grado. La madre de ambos estaba muy orgullosa.

—Sabía que podrían hacerlo. Sabía que tenía los dos chicos más listos de todo el condado, sí, estaba segura. Han demostrado de lo que son capaces, ¡han quitado el *im* a *imposible*!

Ben sonreía de oreja a oreja al escuchar a su madre. Recordaba lo mucho que se había quejado cuando ella insistió en que dejasen de ver la televisión. Ahora difícilmente se molestaba en encenderla. Los libros le parecían mucho más interesantes, y también le ayudaban a sacar las mejores notas.

Mientras tanto, la tensión racial continuaba por todo el país. Los afroamericanos, bajo el liderazgo del Dr. Martin Luther King Jr., seguían presionando para obtener la igualdad racial. En el verano de 1964, durante el intervalo entre el séptimo y el octavo grado, Ben vio que las cosas empezaban a cambiar. El presidente Lyndon Johnson firmó la ley de derechos civiles, y los periódicos dijeron que aquella legislación era la más atrevida desde el periodo de la Reconstrucción, tras la guerra civil. La nueva ley prohibía cualquier tipo de discriminación basada en la raza, el color de la piel, la religión o el origen nacional. Por supuesto, Ben sabía que aquellos cambios no serían fáciles de implementar. Apenas dos semanas antes había leído en el periódico acerca del hallazgo en Mississippi de los cadáveres de tres trabajadores por los derechos civiles, correspondientes a dos blancos y un negro. Aquellos tres jóvenes habían estado contactando con personas de raza negra de aquel estado para registrarlas en el censo electoral y que así pudiesen votar en las elecciones, pero habían sido asesinadas por miembros del Klu Klux Klan. La noticia hizo que un escalofrío le recorriera el cuerpo. Recordó al grupo de chicos blancos junto a las vías del tren que le habían amenazado con matarlo si le volvían a ver.

Como estudiante de octavo grado del colegio Wilson, Ben continuó concentrado en sus tareas escolares y a mitad de año ganó un premio por ser el

mejor de la clase durante las primeras dos cuartas
partes del año. Sin embargo, en esta ocasión cons-
tituyó una experiencia humillante. Una profesora
anunció el nombre de Ben y le hizo pasar al frente
delante de todo el colegio para recibir su premio. Le
estrechó la mano y pronunció unas pocas palabras
antes de que Ben volviese a su asiento. Pero justo
cuando la profesora se daba la vuelta para bajar del
estrado, se detuvo de repente, se giró y tomó de nuevo la palabra. Con voz estridente, se dirigió a todos
los alumnos de octavo grado diciendo:

—Es la segunda vez que Ben gana este premio,
y el resto de alumnos de octavo grado debería aver-
gonzarse. No hay ningún motivo para que un chico
de su clase social les gane a todos. Ustedes disfru-
tan de muchas ventajas que él no tiene. Proceden de
buenos hogares con padre y madre. Muchos de ellos
han ido a la universidad, y esperan que ustedes ha-
gan lo mismo. ¿Cómo lo conseguirán si permiten
que alguien como Ben sea mejor que ustedes?

Ben sintió que se ponía colorado. Había entendido perfectamente a la profesora: ¿Cómo es que un
chico negro como él vencía a todos los estudiantes
blancos? Miró a su alrededor y vio que varios de sus
amigos se burlaban de la profesora, mostrando a
Ben que la consideraban chiflada por ponerse a vo-
ciferar delante de toda la clase. Pero la mayoría de
ellos permanecía inmóvil, hipnotizada por sus palabras. No sabía qué pensar; le habían educado en el
respeto hacia los profesores, pero rápidamente llegó
a la conclusión de que esta profesora era una abso-
luta ignorante. Se preguntaba cómo podía siquiera
ser profesora y no darse cuenta de que el color de
tu piel, o el hecho de tener o no a tus dos padres
en casa, no tenía nada que ver con lo que tuvieses

en la cabeza. El éxito en el colegio dependía de que trabajases duro, y al mirar a los que estaban a su alrededor en aquel lugar estaba seguro de ser uno de los que más se esforzaba. Aquella noche, cuando enseñó a su madre el certificado que había recibido en la reunión del colegio, no le mencionó el incidente. Sabía que heriría sus sentimientos, y eso era lo último que quería hacer. Pero al final resultó que era Sonya Carson la que tenía noticias para sus hijos.

—¿A qué no saben una cosa, hijos? —dijo Sonya durante la cena.

De la expresión del rostro de su madre Ben no pudo decir si se trataba de buenas o de malas noticias.

Hablando despacio, Sonya dijo:

—¡Finalmente, volvemos a casa!

Ben dio un salto y abrazó a su madre. Iban a volver a su propia casa en la calle Deacon, con su patio, un porche en el que sentarse y sus antiguos compañeros de juegos.

—Ya está todo preparado —dijo su madre—. Nos mudaremos hacia la Navidad. Hace cinco años que salimos de allí, pero recuerda, Ben, siempre te dije que algún día volveríamos. El Señor ha sido bueno con nosotros y he ahorrado mucho dinero. Creo que podemos hacerlo. Por supuesto, esto significa que tendrás que cambiar de colegio.

A pesar de que la profesora le había avergonzado delante de todo el octavo curso, a Ben se le vino el mundo encima al pensar en dejar el colegio Wilson. Tenía montones de amigos y admiraba a la mayoría de sus profesores. Sabía que iría al colegio Hunter, donde dos terceras partes de los estudiantes eran negros como él. Ben se preguntaba cómo cambiaría eso las cosas. No tendría que esperar mucho para descubrirlo.

Capítulo 5

Ser popular

—¡Eh! ¿Cómo te llamas?

Ben se dio la vuelta y vio a tres chicos negros de noveno curso que le miraban.

—Benjamin —respondió, arrepintiéndose al instante de haber dicho su nombre al completo, en lugar de simplemente «Ben».

—¿Benjamin, como el conejo Benjamin? Realmente es como si tu ropa hubiera estado guardada en una madriguera de conejo durante mucho tiempo —dijeron riendo.

Ben puso su mejor sonrisa, pero tenía un nudo en el estómago. Sólo llevaba una semana en el instituto Hunter, pero había sido suficiente para darse cuenta de que todo su mundo se había vuelto del revés, como ocurriera con la Alicia del cuento al caer por una madriguera de conejo. En su anterior colegio, a medida que sus notas se fueron haciendo mejores, había ido haciéndose un grupo de amigos, tanto blancos como negros, que valoraban estudiar y esforzarse. Sus conversaciones giraban sobre las clases que habían recibido y las cosas que habían leído y aprendido. Pero aquello no parecía importar ahora. En el colegio Hunter lo más importante parecía ser la ropa que uno vestía y lo bueno que uno era jugando al baloncesto. A Ben le compraban la ropa en la tienda de segunda mano del barrio, y su madre se la remendaba cuidadosamente, y aunque podría haber sido un buen jugador de baloncesto, no le interesaba mucho ese deporte; prefería el ajedrez.

Todas estas circunstancias proporcionaban a los chicos de su nueva escuela abundante munición para su diversión favorita: encasquetar. Llamaban «encasquetar» a insultar a un compañero de clase, como cuando le llamaron Benjamin el conejo. Había cientos de insultos, y el objetivo de todos ellos era hacer que el que los recibía se sintiese insignificante. Esto era fácil de conseguir, especialmente cuando todo el mundo se reía de ti.

Ben lo odiaba. No tenía ni idea de cómo encajar en aquel nuevo grupo, ni tampoco si quería hacerlo. Estaba desanimado. La alegría de haber vuelto a su antigua casa se veía ensombrecida por su asistencia al nuevo colegio. Todos los días era objeto de burlas y menosprecios. Sabía que tenía que ser capaz de sobreponerse a aquella situación, pero no conseguía hacerlo. Tras varias semanas, se hartó y empezó a devolver a gritos los comentarios despectivos que recibía. Pronto descubrió que disfrutaba ideando insultos ingeniosos que poder soltar, lo que también tuvo el efecto deseado: los demás chicos lo dejaron en paz.

Ahora podía concentrarse en sus tareas escolares. Sus notas continuaron siendo excelentes, pero en su interior aún había ira. No salía a la superficie a menudo, pero cuando lo hacía le dejaba profundamente conmocionado. Un día, durante el intervalo para el almuerzo, Ben y su amigo Bob estaban escuchando la radio. De repente, Bob se inclinó sobre el aparato, movió el dial para sintonizar otra emisora y dijo:

—¿A eso lo llamas música, Carson?

Ben sintió crecer la ira en su interior.

—¡Es mejor que la que tú escoges! —dijo abalanzándose sobre el aparato para volver a sintonizar la emisora anterior.

—Venga, Carson, siempre piensas que eres mejor que...

Ben no pudo escuchar una palabra más. La ira le hizo perder el control. Sacó la navaja de camping que llevaba en su bolsillo trasero, la abrió y saltó hacia delante. Antes de darse cuenta de lo que estaba haciendo, hundió la hoja de la navaja en el estómago de Bob. Al escuchar el ruido de la hoja del cuchillo rebotando en el pavimento Ben bajo inmediatamente la vista al suelo. Estaba confuso. El mango del cuchillo seguía en su mano. Ambos chicos miraron al estómago de Bob. No había sangre.

—La hebilla del cinturón —acertó a decir Bob balbuceando.

Ben vio lo que había ocurrido. La hoja del cuchillo había golpeado en la gran hebilla del cinturón de Bob y se había partido.

—No sabes cuánto lo siento —dijo Ben al enfrentarse a la mirada aterrorizada de Bob.

Entonces Ben echó a correr todo lo rápido que pudo. Huyó de la escuela y no paró de correr hasta llegar a casa. Contento de ver que allí no había nadie, buscó a tientas bajo la alfombrilla la llave de la puerta delantera. Una vez dentro se precipitó al cuarto de baño, atrancó la puerta tras él y se tiró al suelo de linóleo.

—¿Qué me ha ocurrido? —se preguntó a sí mismo— ¿He intentado matar a Bob, a mi amigo Bob? ¿Y si no hubiera llevado un cinturón con hebilla? Podría estar muerto, y ahora la policía me estaría buscando.

Ben luchó por comprender lo que había hecho y qué consecuencias podría haber tenido. Se dobló sobre sí mismo mientras las lágrimas empezaban a fluir. Sus esperanzas y sueños de ser médico jamás le habían abandonado, ¿pero cómo iba a lograrlo con ese temperamento tan violento? Su ira podía encenderse en cualquier lugar y en cualquier momento. Intentaba controlarla, pero a veces, como había ocurrido aquel día, se encolerizaba tanto que parecía perder del control de sus actos. *Soy como una persona desquiciada. Seguramente me he vuelto loco. Bob es mi amigo. Estábamos pasando el rato, divirtiéndonos un poco, y casi le mato. Las personas cuerdas no hacen ese tipo de cosas.*

Ben permaneció hecho un ovillo en el suelo del cuarto de baño durante dos horas. No quería enfrentarse de nuevo al mundo exterior. Quería cambiar, sabía que necesitaba cambiar, pero no sabía cómo hacerlo.

A medida que pasaba el tiempo fue sintiendo una profunda necesidad de orar. Su madre y su pastor le habían dicho siempre que Dios cambia a las personas de dentro a fuera, pero Ben nunca lo había experimentado personalmente. Dijo en susurros:

—Señor, líbrame de este temperamento o acabaré destruyendo mi vida.

Ben no conseguía quitar de su mente las imágenes de las terribles cosas que había hecho: la vez que había intentado golpear a su madre; la ocasión en que había arrojado un ladrillo a uno de los niños del vecindario y le había roto las gafas; la mirada en los ojos de Bob hoy. *Mi pobre madre*, pensó Ben. *Ella cree que soy estupendo, cree que iré a muchos lugares, pero ni siquiera ella sabe lo malo que soy. Dios, a no ser que me ayudes, soy un caso perdido.*

Por fin, Ben se levantó y abrió la puerta. Como todavía no había llegado nadie a casa corrió hasta su dormitorio y buscó una Biblia. No la había leído mucho; permanecía en su estantería cubierta de polvo. Pasó las páginas hasta el libro de Proverbios y empezó a leer. Parecía como si cada versículo sobre la ira saltase de las páginas del libro y hubiera sido escrito sólo para él. «La discreción del hombre le hace lento para la ira, y su gloria es pasar por alto una ofensa... No te asocies con el hombre iracundo; ni andes con el hombre violento... El lento para la ira tiene gran prudencia, pero el que es irascible ensalza la necedad... Mejor es el lento para la ira que el poderoso, y el que domina su espíritu que el que toma una ciudad».

Cada versículo que leía le traía nueva esperanza. Dios parecía entender el problema de la ira y Ben vio una forma de librarse de ella. No necesitaba pasar el resto de su vida preguntándose cuándo se inflamaría su temperamento. Su mente se empezó a llenar de paz, las lágrimas se secaron. Volvió al cuarto de baño y se echó agua por el rostro. Se sentía diferente, como si le hubieran quitado un peso de los hombros.

—Soy libre —se dijo a sí mismo—. Nunca me volverá a controlar mi temperamento. Voy a confiar en que Dios me ha quitado ese peso de encima y, durante el resto de mi vida, la primera cosa que haré al levantarme será leer mi Biblia.

Ben se sintió agradecido al saber que Bob no había ido al director a denunciar el apuñalamiento. Gracias a ello, Ben evitó las serias consecuencias que aquello le habría acarreado. Pero debido a su ataque de ira, Bob dejó de ser su amigo. A pesar de ello, Ben estaba maravillado de lo diferente que se sentía. Las pequeñas cosas que solían molestarlo parecían ahora dejarle inalterado. Se daba cuenta de cuando alguien se estaba comportando mal con él, pero no se lo tomaba personalmente. No obstante, su nuevo comportamiento tranquilo fue puesto a prueba al finalizar el noveno grado. Ben calculó sus notas y vio que estaba cerca de conseguir su objetivo de sacar A en todas las asignaturas. Al finalizar el año, cada estudiante debía llevar su boletín de clase en clase para que cada profesor escribiese en él la nota final de esa asignatura y lo firmase. La satisfacción de Ben iba en aumento a medida que cada profesor le añadía una nueva A en el boletín. La última clase del día era la de educación física, en la que Ben estaba seguro de obtener una A. Al fin y al cabo, siempre se ponía su ropa de gimnasia y participaba en todas las actividades. Al presentar al entrenador su boletín, éste vio la larga lista de calificaciones A y miró fríamente a Ben de arriba abajo. Entonces sonrió lentamente y escribió una gran B en el boletín de Ben.

—Necesitas alguna variedad —dijo sarcásticamente.

A Ben se le cayó el corazón al suelo. El entrenador había hecho naufragar deliberadamente sus esperanzas de lograr que todas las calificaciones fueran A.

Aquel mismo año, algún tiempo atrás, habría tenido un estallido de ira ciega, pero al ver cómo le trataba aquel profesor, Ben se sintió extrañamente calmado.

—Mejor es el lento para la ira que el poderoso, y el que domina su espíritu que el que toma una ciudad —repetía por lo bajo. *Ya obtendré otro montón de calificaciones A*, se aseguró a sí mismo.

—Carson, debes cambiar de forma de vestir si quieres ser popular —escuchó decir a uno de sus compañeros cuando empezó a asistir al décimo grado en el colegio Southwestern.

Al mirar a su alrededor empezó a entender a qué se refería su amigo. Los chicos «populares» llevaban camisas italianas de punto, pantalones de rayón, calcetines de seda de vestir, zapatos de cocodrilo, sombreros de ala estrecha y chaquetas de cuero. Este no era, desde luego, el tipo de ropa que él llevaba al colegio. Ahora que estaba en la escuela superior deseaba más que nunca ser aceptado, y en aquel mismo instante y lugar decidió que necesitaba ropas nuevas.

—Mamá, ya no puedo seguir llevando al colegio esta ropa. Todo el mundo se reirá de mí —le dijo a su madre.

—Bennie, sólo la gente estúpida se ríe de lo que te pones —replicó su madre—. No es tú forma de vestir lo que marca la diferencia.

—Puede ser, pero los demás chicos de la escuela visten mejores ropas que yo —protestó Ben.

—Sólo porque vistan mejores ropas no quiere decir que sean mejores que tú.

La respuesta de su madre no le dejó satisfecho. Conseguir la ropa adecuada se transformó en su objetivo principal. Todas las noches atosigaba a su madre pidiéndole que le comprase ropa como las de los demás chicos, y ella siempre le respondía de la misma forma: no tenía mucho dinero, y el tipo de ropa que él quería era caro. A Ben le daba igual; necesitaba ir como sus compañeros, vestido a la moda.

Tras haber importunado a su madre durante varias semanas, Sonya finalmente dijo a Ben lo que éste quería oír.

—Si esas ropas tan elegantes te van a hacer feliz, intentaré conseguirte algunas.

—Me harán feliz —dijo Ben—, ya lo verás.

Ben no tardó en tener una camisa italiana de punto e ir al instituto con pantalones de rayón. Se miró a sí mismo en el espejo vestido con sus ropas nuevas y dio un suspiro de alivio. Al fin se parecía a los demás chicos del colegio Southwestern.

Ahora que tenía la ropa que necesitaba para ser popular y sentirse aceptado, Ben desvió su atención hacia otra actividad que realizaban los chicos populares: jugar al baloncesto después de clase, a pesar de que no estaba particularmente interesado en ese deporte. Sin embargo, si tenía que jugar al baloncesto para sentirse aceptado y encajar en el grupo, eso es precisamente lo que haría.

En lugar de volver a casa para realizar sus tareas, Ben pasó a quedar con bastante frecuencia después de las clases para jugar al baloncesto con los demás chicos. A veces permanecía jugando hasta las diez o las once de la noche. Era evidente que su madre estaba decepcionada con él, y se quejaba de que sus tareas escolares hubiesen pasado a ocupar un segundo lugar, tras su necesidad de sentirse aceptado y ser popular. Él le respondía que no se preocupase, ¿acaso no seguía trayendo a casa buenas notas?

—Sí, lo sé, y estoy orgullosa de ti, Bennie. Te has esforzado mucho a lo largo de los años para conseguir buenas notas. No lo eches todo a perder ahora —decía ella.

Lo cierto era que Ben pasaba tanto tiempo jugando al baloncesto y hablando de ropa con sus amigos que este hecho se empezó a reflejar en sus notas. Ben no se esforzaba lo suficiente en sus estudios, ni en la escuela ni tampoco en casa, así que poco a poco sus notas empezaron a bajar. No tardó en llevar a casa calificaciones B, en lugar de A, y algunas de sus notas incluso bajaron a C.

Su madre le rogó que estudiase más, pero en lugar de ello Ben le aseguró que sabía lo que estaba haciendo, y que todo saldría bien. A continuación empezó a pedirle ropas nuevas; al fin y al cabo, los demás chicos tenían dos o tres mudas de ropa que vestir.

Era consciente de que su nuevo estilo de vida no agradaba a su madre, que esperaba más de él. Sin embargo, por una vez en su vida se sentía parte del grupo. Quedaba con los chicos populares, y éstos le invitaban a sus fiestas. Se decía a sí mismo que sólo se estaba divirtiendo, de hecho, se divertía más ahora que todo lo que se había divertido en su vida anterior. Aunque se decía esto a sí mismo, en su interior era consciente de otra verdad: a pesar de todas sus actividades y de sentirse aceptado en el grupo, en realidad no era feliz.

Capítulo 6

Un nuevo plan

Ben se pasó las vacaciones de Navidad oyendo a su madre repetirle una y otra vez que era él quien tenía el control de su propio destino, y que debía tomar mejores decisiones.

—Tienes que dar lo mejor de ti mismo, Bennie —le decía—. De ti depende llegar a ser algo en la vida. No importa la tarea a la que te tengas que enfrentar, debes completarla lo mejor que puedas. Cuando estoy en el trabajo me digo a mí misma que mi objetivo debe ser que mi jefe diga: «Sonya Carson es la mejor empleada que he tenido, la que mejor limpia los baños, la que mejor limpia el polvo, nunca he visto a nadie fregar el suelo tan bien como a ella».

Para rematar la faena tenía incluso un poema favorito, el cual había recitado tantas veces delante de Ben que éste se lo sabía de memoria.

Mientras caminaba hacia la escuela una nevada mañana de enero, Ben se recitó a sí mismo la primera parte del poema:

Si las cosas te van mal y te hacen sentir avergonzado, con frecuencia encontrarás que sólo te puedes culpar a ti mismo.

Corremos a meternos en líos y entonces llega la mala suerte. ¿Por qué culpamos a los demás, cuando somos nosotros los culpables?

Aquellas navidades, las frecuentes exhortaciones de su madre y la compañía de su hermano Curtis acabaron convenciéndole de que necesitaba intentar hacer algo diferente, que tuviese un impacto más positivo en su vida. Curtis era ya estudiante de último año, y no le preocupaba su forma de vestir o el ser aceptado por su grupo de amigos. Tenía demasiado que estudiar como para preocuparse de esas minucias, por no mencionar el trabajo que realizaba después de las clases como ayudante de laboratorio, o sus obligaciones como parte del Cuerpo de entrenamiento de jóvenes oficiales reservistas (JROTC, por sus siglas en inglés). Curtis era capitán cadete del JROTC y las medallas y cintas de la pechera de su uniforme daban buena fe de ello.

Ben decidió que el primer paso en su cambio de vida consistiría en visitar la oficina del JROTC de su escuela para alistarse. El JROTC era un programa que el ejército gestionaba dentro de los colegios, cuyo fin era preparar a los estudiantes para una carrera militar. Dos razones le llevaron a hacer la prueba y participar en él. En primer lugar, el estricto código de conducta que debían respetar los cadetes del JROTC le daría la oportunidad de entrar en contacto con un grupo de estudiantes altamente disciplinados; y esto, a su vez, le permitiría decirle a sus viejos amigos que estaba demasiado ocupado como para salir con ellos. La segunda razón era que los cadetes del JROTC debían llevar un uniforme de tipo militar los días que tenían prácticas —no se permitían los pantalones de rayón ni las camisas de punto italianas— y en el colegio Southwestern las prácticas se realizaban tres días a la semana. Eso conseguiría que Ben sólo tuviese que preocuparse dos días a la semana por ir vestido al colegio como la gente «popular», lo que haría las cosas mucho más fáciles para él.

Desde el primer día de alistamiento, a Ben le encantó ser cadete. Nada más empezar le llamó la atención el modo en el que el coronel Sharper, un estudiante de último año, se encargaba del adiestramiento de toda la unidad de la escuela. Los cadetes marchaban en formación o se ponían firmes siguiendo las órdenes del coronel. Ben quedó impresionado con la autoconfianza y dotes de mando de Sharper, y se imaginó a sí mismo como coronel cuando llegase a décimo segundo año. Tras alistarse en el JROTC le comentó a Curtis esa posibilidad y descubrió el gran esfuerzo que involucraba ese sueño. En toda la ciudad de Detroit apenas había tres coroneles, y él ya llevaba un semestre de retraso debido a su tardía incorporación como cadete. A pesar de ello, Ben estaba motivado y se prometió a sí mismo que intentaría conseguir el rango más alto posible antes de graduarse del colegio.

A las pocas semanas de embarcarse en su nuevo plan, las notas de Ben empezaron a mejorar. Ben dejó atrás a sus viejos amigos y se concentró en las actividades del JROTC, así como en su colaboración en la banda de música de la escuela. Pronto hizo buenas migas con el director de la banda, el Sr. Lemuel Doakes, un musculoso hombre negro de complexión mediana. El Sr. Doakes tenía muchas cualidades que Ben admiraba, en especial su empeño en conseguir que la banda llegase a dar lo mejor de sí misma, éste le sugirió que dejase de tocar la corneta y se pasase al bombardino.

—Creo que lo harías bien —le dijo a Ben.

Para su sorpresa, el profesor de música tenía razón y Ben se pasó directamente al bombardino. También llegó a ser para él alguien de quien obtener sabios consejos. Un día surgió la oportunidad de que cuatro miembros de la banda recibiesen una beca para asistir a un prestigioso campamento musical de verano, y Ben estaba ansioso por ser uno de los cuatro. Todo lo que necesitaba era que el profesor de música le recomendase, pero no estaba preparado para la respuesta de su profesor:

—Ben, creo que eres lo suficientemente bueno como para obtener la beca, de eso no hay duda. Pero no puedo recomendarte a ti, no estaría bien.

Ben se quedó perplejo.

—Pero, ¿por qué motivo? —preguntó.

—Vas muy bien en tus tareas académicas. Estás entre los mejores de la clase en todas las asignaturas, y quieres ser médico, ¿no es así?

Ben asintió.

—Entonces la beca musical no es para ti. Se trata de un programa muy exigente. Es obvio que tu futura carrera se va a desarrollar en el campo de la ciencia o la medicina. Es ahí donde debes concentrar tus energías. No puedes hacer ambas cosas, así que debes dar prioridad a tus estudios. Es necesario dar siempre la prioridad a las cosas más importantes.

Ben deseaba convencerlo de que podía hacer ambas cosas a la vez, pero por dentro sabía que el Sr. Doakes tenía razón. Debía anteponer sus estudios científicos a la música, así que eso fue lo que hizo. Al finalizar el décimo curso sus calificaciones eran de nuevo de A en todo. Además, había ganado numerosas condecoraciones en el JROTC y era miembro de los equipos de fusil e instrucción.

Al año siguiente, el sargento Bandy, instructor del ejército estadounidense y responsable de la unidad del JROTC en el colegio Southwestern, se llevó a parte a Ben para hablar con él.

—Carson, voy a ponerte a cargo de la unidad del JROTC de la quinta hora. Te van a dar mucho trabajo, son revoltosos y difíciles de disciplinar. Si puedes hacer de ellos un verdadero equipo, transformándolos en una unidad, te ascenderé a subteniente.

Esa era justo la oportunidad que Ben necesitaba. Estuvo pensando largo y tendido acerca de cómo motivar a aquellos chicos. Decidió que los animaría a sentirse orgullosos de cada aspecto de su instrucción y a creer que podían llegar a ser la mejor unidad del JROTC de todo el colegio. Al principio no fue sencillo. Los cadetes eran verdaderamente una pandilla de chicos indisciplinados, pero Ben no se rindió, fue ganándose su confianza, y empezaron a convencerse de que podían llegar a ser los mejores. Al cabo de poco tiempo los cadetes participaban con entusiasmo en la instrucción y escuchaban atentamente las lecciones sobre historia y protocolo militar, educación cívica, lealtad y patriotismo. Poco después, lograron superar las pruebas sobre estas materias.

Aquella experiencia dejó también su huella en Ben, cuya confianza empezó a crecer a medida que los cadetes de la unidad de JROTC de la quinta hora le aceptaron como líder. El éxito de Ben recibió su confirmación a final de año, cuando el sargento Bandy felicitó a Ben por dirigir la mejor unidad del colegio. Tal y como había prometido, el sargento le ascendió a subteniente.

A Ben le iba bastante bien. En su mente había repasado muchas veces el camino hasta llegar a ser coronel. Primero soldado raso, luego subteniente, después teniente, seguido de los grados de capitán, comandante, teniente coronel y, finalmente, coronel. Le iba a llevar un montón de esfuerzo y determinación ir ascendiendo por todo el escalafón, pero estaba dispuesto a asumir el reto.

Durante la primavera de 1967, Curtis se graduó del colegio y se marchó a estudiar ingeniería en la universidad de Míchigan. Ben se quedó solo en el Southwestern, pero había hecho algunos buenos amigos, y ponía su máximo empeño en todo lo que hacía.

Antes de graduarse, Curtis había trabajado para el Sr. Cotter, el profesor de biología. Su trabajo consistía en quedarse después de las clases para ayudar a preparar los experimentos de laboratorio para el día siguiente. Cuando dejó el colegio, le ofrecieron el trabajo a su hermano Ben, y en poco tiempo el Sr. Cotter se transformó en su confidente y mentor, dándole clases particulares y sugiriéndole los libros y artículos que debía leer. Por aquella época, Ben decidió qué tipo de médico quería ser. Había visto un montón de médicos en las series de televisión y en las películas, y le pareció que los que conducían los mejores autos y tenían las mejores casas eran los psiquiatras. Le gustaba la idea de sentarse tras su mesa y preguntar a la gente acerca de su vida y sus procesos mentales. Curtis llegó incluso a suscribir a su hermano a la revista *Psicología actual*, y todo lo que Ben leía en ella parecía confirmar su decisión.

Al comenzar el décimo primer curso, el sargento Bandy continuó interesándose por él.

—Tú puedes llegar lejos, Carson —le decía a Ben—. Sigue así. ¡Tengo planes para ti!

Lo decía en serio. El sargento Bandy se aseguró de que Ben conociese todo lo que los examinadores del JROTC —que eran verdaderos oficiales del ejército—pudiesen preguntarle. A medida que ascendía en el escalafón, Ben fue poco a poco aprendiendo muchas cosas sobre todo tipo de armas, sistemas de armamento, estrategias de batalla y formas de hacer la guerra.

Lo que Ben no sabía es que tendría que poner en práctica allí mismo en el colegio algunas de las estrategias que había aprendido. La noche del jueves 4 de abril de 1968, el doctor Martin Luther King Jr. fue asesinado mientras se encontraba en un balcón de un motel de Memphis, Tennessee. Al día siguiente hubo serios disturbios en el colegio Southwestern. Al saber que el doctor King había sido asesinado, muchos de los estudiantes negros, que constituían un setenta por ciento de la escuela, formaron pandillas y se dedicaron a cazar estudiantes blancos para darles una paliza. Ben actuó con prontitud. Como era ayudante del laboratorio de biología, tenía las llaves del laboratorio de ciencias y del invernadero. Ben corrió a este último y condujo allí a un grupo de estudiantes blancos, ocultándolos hasta que pasó el peligro y pudieron escapar a salvo del colegio.

Aquella noche, Ben y su madre vieron juntos las noticias por televisión y lo que contemplaron fue deprimente. Tras la muerte de Martin Luther King Jr., hubo brotes de violencia en ciento diez ciudades de todo Estados Unidos. Había sido necesario convocar a la guardia nacional para que sofocase la violencia y los alcaldes de varias ciudades habían dado orden a los soldados de que disparasen a matar a los alborotadores. La violencia y el caos se extendieron a lo largo del fin de semana. Cuando las cosas se calmaron, muchas manzanas de la ciudad habían quedado en ruinas, docenas de personas habían muerto y cientos de negocios habían tenido que cerrar por todo el país.

La violencia que envolvió a Estados Unidos hizo desear a Ben vivir en un mundo donde todos se llevasen bien. Como era obvio que no vivía en un lugar así, se concentró en su deber y siguió esforzándose duro.

Pronto llegó el momento en que Ben tuvo que empezar a pensar a qué universidad quería asistir cuando se graduase del colegio. Podía seguir los pasos de Curtis y solicitar el ingreso en la universidad de Míchigan, pero Ben quería experimentar algo diferente. Deseaba alejarse de casa. Sus calificaciones en el JROTC eran tan buenas que la academia militar de West Point le ofreció una beca completa. Ben agradeció aquella oportunidad, pero no se sintió realmente tentado a aceptarla. Seguía deseando de corazón ser médico, no militar.

Su puntuación en el examen de aptitud para el ingreso en la universidad estuvo entre el diez por ciento mejor de todo el país, por lo que varias universidades de prestigio enviaron reclutadores para convencerlo de que les escogiese a ellos. Tras el largo camino recorrido desde la escuela primaria Higgins, cuando se burlaban de él por ser el tonto de la clase, a Ben todo aquello le parecía como un sueño.

A finales de primavera, su decisión respecto a qué universidad asistir se había reducido a Harvard o Yale. Ben no sabía lo suficiente sobre estas universidades como para tomar una decisión final, y no podía presentar la solicitud en ambas, ya que había que pagar diez dólares por cada solicitud, y él sólo tenía diez dólares. Por raro que pueda parecer, tomó la decisión mientras veía la televisión, algo que apenas tenía tiempo de hacer. Su programa favorito era la competición entre universidades patrocinada por la General Electric, que se emitía los domingos por la noche. Durante el programa, equipos de estudiantes de varias universidades competían entre sí respondiendo preguntas sobre una gran variedad de temas. Aquella noche en particular se enfrentaron Yale y Harvard, y los estudiantes de Yale vencieron a los de Harvard por un gran margen. Aquello fue decisivo para Ben. Quería rodearse de los estudiantes más brillantes, e imaginó que todos estarían en Yale, así que envió su solicitud, incluida la tasa de diez dólares, y esperó una respuesta. Un mes más tarde le anunciaron que había sido aceptado para el curso que comenzaría el otoño de 1969.

Al llegar las navidades de su último año de colegio, Ben estaba bien posicionado para ascender dentro del escalafón del JROTC. Era cadete teniente coronel, y apenas podía creer que hubiera llegado tan lejos. Incluso logró la máxima calificación obtenida jamás por un estudiante que formase parte del JROTC. Este éxito le animó todavía más a intentar alcanzar el rango de coronel cuando se graduase. En efecto, logró su meta, y fue ascendido a coronel cadete Ben Carson. Lo había conseguido en cinco semestres, en lugar de los habituales seis.

Al final del duodécimo curso, Ben Carson marchó al frente del desfile celebrado en Detroit en honor a los caídos de guerra. Aquel día se sintió muy orgulloso. La pechera de su uniforme estaba cubierta con los cordones, galones y medallas que había conseguido durante su tiempo de servicio en el JROTC. Presentes en la marcha había dos soldados que habían recibido la medalla de honor del Congreso por los servicios prestados en Vietnam, y a Ben se le honró colocándole junto a ellos. Todavía más maravilloso para Ben fue lo que vino a continuación del desfile, estaba invitado a cenar con los dos soldados condecorados y con el general William Westmoreland, que había dirigido las operaciones militares de Estados Unidos en Vietnam y era por entonces jefe del estado mayor del ejército de Estados Unidos.

Ben disfrutó de cada minuto que estuvo en compañía de aquellos exitosos militares. Y ellos parecieron sinceramente impresionados con todo lo que había logrado Ben durante su tiempo en el JROTC, y le animaron a reconsiderar la posibilidad de ir a West Point. Ben se sintió halagado pero su vista ya estaba puesta en otros objetivos. Sabía que su futuro no estaba en una academia militar, sino en estudiar medicina.

Capítulo 7

Un pececillo en medio del océano

Al día siguiente de su graduación en el colegio Southwestern, Ben se puso una camisa blanca de manga larga, pantalones oscuros y una corbata, y salió por la puerta de casa. Su madre le sonreía.

—Ben, ¡ahora sí que has triunfado! Asegúrate de ser el mejor empleado que hayan tenido nunca. Sé que lo serás. Hazlo todo de la forma correcta, y si no sabes cómo hacer algo, pregunta.

Ben sonrió. Había escuchado el mismo consejo por parte de su madre un millar de veces. Aquel día se sentía feliz porque iba a trabajar en un puesto administrativo, y era consciente de que aquello era toda una bendición. Uno de los consejeros del colegio había utilizado sus contactos para conseguirle el empleo. Poco después, Ben se sentaba tras un escritorio en la oficina de nóminas de la Ford Motor Company.

No le llevó mucho aprender lo que el puesto demandaba de él. La oficina de nóminas llevaba la cuenta de las horas trabajadas por cada obrero de la compañía, las comparaba con las que figuraban en su tarjeta de registro horario, calculaba los impuestos que había que deducir de la paga, y emitía un cheque por el importe del salario neto del trabajador. Pronto se encontró ocupado llevando la cuenta de las horas registradas en las tarjetas y registrándolas en un libro de contabilidad. El trabajo era aburrido, pero Ben se aferró a él, y gracias a ello vio crecer cada semana su cuenta bancaria con el dinero que ganaba. Era consciente de que iba a necesitar cada centavo para comprar libros de texto y ropa, y también para pagar su traslado a la universidad. Sabía que no era realista pensar en conseguir su propio automóvil, y esperaba que en New Haven, Connecticut, donde estaba Yale, hubiese un buen servicio de autobuses.

A Ben le interesaba particularmente escuchar a los hombres mayores que trabajaban en la oficina de nóminas. A veces participaba en las conversaciones que mantenían durante el tiempo del almuerzo, pero la mayoría de las ocasiones se limitaba a escuchar lo que los demás decían. Resultaba interesante escuchar de qué hablaban los hombres blancos de mediana edad. Gran parte de su conversación se centraba en la guerra de Vietnam. Richard Nixon había basado gran parte de su campaña presidencial en la promesa de terminar con esa impopular guerra mediante lo que él llamaba «paz con honor». Pero desde su toma de posesión en enero, no parecía darse mucha prisa en llevar a término el conflicto. Durante el verano de 1969 aquello proporcionaba abundante material para largas conversaciones sobre cómo debía ponerse fin a la guerra.

A medida que el verano iba llegando a su fin, Ben se ponía más nervioso. Había escuchado suficientes conversaciones de los demás hombres de la oficina como para darse cuenta de lo poco que sabía del mundo y la escasa experiencia que tenía. Aparte de los dieciocho meses que había pasado viviendo en Boston de niño, nunca había viajado a más de unos pocos kilómetros de Detroit. Todos los veranos su madre lograba con dificultad reunir suficiente dinero como para que ella, Ben y Curtis pudiesen asistir a la feria estatal de Míchigan. Dentro de los terrenos de la feria podían visitar gratuitamente exposiciones educativas, agrícolas y artísticas. Ben disfrutaba de ellas, pero nunca tenían dinero suficiente como para montar en las atracciones que había de camino. Año tras año Ben se quedaba mirando los autos de choque, imaginando cómo sería poder sentarse de verdad tras un volante y pisar el acelerador.

Faltaba poco para que Ben tomase un autobús Greyhound hasta New Haven, Connecticut, donde viviría en un dormitorio con jóvenes de diferentes trasfondos. Sabía que muchos de esos jóvenes procederían de las familias blancas más ricas y privilegiadas de Estados Unidos, y que tendrían padres, abuelos o hermanos mayores que habrían ido a la universidad antes que ellos. Para Ben era difícil imaginar siquiera cómo sería su experiencia en la universidad, y también repasaba en su mente las cosas que todavía no había experimentado, como montar en avión, ver el interior de una limusina o incluso comer en un restaurante.

A pesar de ello, estaba convencido de que la universidad era su sitio, y su pastor ya le había dado la dirección y el teléfono de la iglesia más cercana. Mientras siguiese asistiendo a la iglesia y esforzándose al máximo, confiaba en que las cosas le irían bien. Infelizmente, no fue tan sencillo como él pensaba. Al llegar a Yale quedó impactado por lo lujoso que era todo. Aunque los demás estudiantes se quejaban por la falta de espacio para estacionar sus automóviles o la calidad de la comida de la cafetería, Ben no salía de su asombro. Tenía la oportunidad de ver y hacer cosas que antes sólo había conocido en los libros. Tenía su propia habitación, unida a un salón de estar común con chimenea y estanterías empotradas. Al ver aquello pensó que si dependiera de él, se habría quedado allí a vivir el resto de su vida.

Ben no tardó en percatarse de que, aunque menos del cinco por ciento de los estudiantes eran negros, estos no constituían una excentricidad tan grande como la de otro grupo de estudiantes que habían llegado recientemente al campus, las chicas. Por primera vez en sus doscientos sesenta y ocho años de historia, la universidad de Yale había empezado a aceptar estudiantes femeninas como alumnas. Todos los ojos estaban puestos en cuál sería el desempeño de las jóvenes en comparación con sus compañeros varones. Al fin y al cabo, Yale era un bastión de tradiciones masculinas.

Sólo una semana después de haber empezado su año académico, el mundo de Ben se conmovió al escuchar por casualidad una conversación de un grupo de novatos que comparaban sus notas del examen de aptitud para la universidad. Los muchachos estaban sentados en la cafetería, y Ben mantuvo la cabeza gacha mientras les escuchaba revelar sus calificaciones. Todos ellos, incluso el que se lamentaba de su «pobre desempeño», habían obtenido una puntuación mayor que la suya. Fue un momento aleccionador. Ben se dio cuenta de que en el colegio Southwestern había sido un pez gordo en un estanque pequeño, en cambio, ahora se sentía como un pececillo en medio del océano. Comprendió también lo mucho que tendría que esforzarse si quería destacar.

Sacar las excelentes notas a las que estaba acostumbrado en el colegio fue más difícil de lo que había imaginado. Los profesores de Yale esperaban que sus estudiantes hubiesen completado sus tareas antes de asistir a clase y utilizasen la información que hubiesen obtenido para ayudarles a comprender sus disertaciones. Ben nunca había estudiado de esa forma anteriormente. Siempre había ido a clase, escuchado al profesor explicar la información que necesitaba conocer, y finalmente repasado en casa todo lo recibido. También estaba acostumbrado a estudiar lo imprescindible durante el año y luego atiborrarse de estudio en las horas previas a un examen.

Ben pasaba la mayoría de los días estudiando y asistiendo a clase. No tenía dinero para ir a comer fuera o al cine, como muchos de los demás estudiantes. La mejor forma de entretenerse era el futbolín. En la sala de estar común de los estudiantes había uno, y Ben solía jugar a menudo. De hecho, se volvió muy bueno, mejor que casi todos los demás estudiantes, hasta el punto de que empezó a preguntarse cuál sería la razón de ello. Con el tiempo se dio cuenta de que tenía una mejor coordinación mano ojo que la mayoría de la gente, así como la habilidad de visualizar en tres dimensiones las acciones del juego. Ben almacenó esta información en su cerebro, preguntándose qué utilidad podría tener para él en el futuro.

Cuando jugaba al futbolín, intentaba abstraerse de sus tareas académicas. Sus estudios no iban tan bien como había esperado. En la mayoría de las asignaturas aprobaba pero se encontraba por debajo de la media, excepto en química, asignatura que no conseguía aprobar, y tampoco sabía qué hacer al respecto. Ben podía haber buscado ayuda, pero nunca había hecho eso antes, así que siguió sin hacer nada mientras veía como sus notas continuaban bajando.

Al final del primer trimestre tocó fondo. Sabía que había suspendido las clases de química, y su única esperanza era hacer un examen final excelente. El profesor de química tenía una regla por la cual si un estudiante hacía un examen final excepcionalmente bueno, él usaría esa nota como calificación final de la asignatura, en lugar de combinar las notas de clase con la nota del examen final.

Sin embargo, Ben era consciente de no haber comprendido suficientemente bien lo explicado por el profesor en las clases de química como para poder sobresalir en el examen y aprobar la asignatura.

A medida que se aproximaba la prueba, Ben deambulada por el campus aturdido, preguntándose cómo había llegado a aquella situación. *Nunca he suspendido antes, y suspender química sería desastroso. La química es parte fundamental del programa para ingresar en medicina. Si suspendo la química del primer año, quedaré fuera del programa.* Mientras vagaba entre los altos edificios de ladrillo visto de la universidad, Ben se sentía muy pequeño. Era como si hubiese vuelto a quinto, cuando los demás estudiantes se burlaban llamándole tonto. *Soy un tonto*, se dijo a sí mismo. *¿Cómo pude alguna vez pensar que conseguiría estudiar en Yale? Este es un lugar de chicos blancos ricos, que han estudiado en escuelas preparatorias, y no de chicos negros pobres de Detroit.* Los ojos se le llenaron de lágrimas. ¿Qué iba a decir su madre? ¿Y qué dirían todos los profesores de colegio de Detroit que habían creído en él?

Mientras caminaba, las hojas otoñales de los árboles revoloteaban a su alrededor. *Tienes que dejar de obsesionarte con esos pensamientos*, se dijo a sí mismo. *Tienes que serenarte. Así no vas a llegar a ninguna parte. Tiene que haber algún modo de conseguir una buena nota en el examen final; sólo tienes que encontrarla.* Pero Ben no conseguía pensar en ningún modo de adquirir todo el conocimiento de química que necesitaba dominar. Lo había intentado en clase y no lo había conseguido. Entonces recordó una línea del poema favorito de su madre: «sólo te puedes culpar a ti mismo». *Sí*, convino Ben, *sólo me puedo culpar a mí mismo.* Un pequeño rayo de esperanza surgió en su corazón. Si Dios quería que fuese médico, es posible que le ayudara. Ben empezó a orar mientras caminaba, pidiéndole que le mostrase lo que debía hacer.

Volvió a su dormitorio cerca de las diez de la noche. Entró y puso ante él sus libros de química. Consultó su reloj de pulsera; aún faltaban nueve horas para el examen.

—¿Qué debería hacer, Dios mío? —dijo en oración—. Desde que tenía ocho años he deseado ser médico, y también creo que esa es Tú voluntad para mí. Muéstrame cómo estudiar toda esta materia.

De repente, se sintió en paz. Todos los pensamientos de fracaso de la época de quinto curso le abandonaron y, de alguna forma, supo que aquella situación era para bien. Durante las siguientes dos horas estudió sus libros de texto, memorizando fórmulas y definiciones. No tenía ni idea de si conseguiría aprobar, pero decidió intentar dar lo mejor de sí en el examen. Poco después de la medianoche, ya no conseguía pensar con claridad. Cerró sus libros y se tumbó en la cama.

—Señor, lo siento mucho —murmuró mientras iba quedándose dormido—. Perdóname por haberte fallado y por haberme fallado a mí mismo.

Aquella noche tuvo un sueño muy vívido. En él, se encontraba sentado solo en el aula de química. De repente, se abrió la puerta y entró un hombre que, sin decir palabra, se acercó a la pizarra y empezó a resolver problemas de química. No eran los mismos que se encontraban en las páginas finales de su libro, pero en el sueño Ben tomaba notas y los entendía todos. Entonces se despertó, le resultaba difícil creer lo real que había sido aquel sueño. Estaba convencido de que lo había producido el hecho de haber estudiado química antes de irse a dormir, pero aún así había algo en éste que le resultaba extraño.

Tras desayunar, se encaminó en silencio hacia el aula de química. Tenía la esperanza de que el examen incluyese algunas preguntas fáciles que pudiese contestar, pero no esperaba poder tener la oportunidad de conseguir una buena nota.

Rápidamente, seiscientos estudiantes de primer año se sentaron en el aula y el profesor comenzó a repartir el cuaderno de examen. Cuando sonó el timbre, Ben lo abrió y sintió que se le erizaba el vello de los brazos. Fue hojeándolo hasta el final y le costó reprimir una carcajada. Las preguntas del examen eran las mismas que había soñado la noche anterior, y en el mismo orden. ¡Era increíble! Ben agarró su bolígrafo y empezó con el primer problema. Las notas que había tomado durante el sueño le resultaron fáciles de recordar, escribió la respuesta y pasó al siguiente problema. Pregunta tras pregunta le fue ocurriendo lo mismo, hasta llegar al final del cuaderno de examen.

Al terminar, se sentía exultante.

—Dios mío, gracias —susurró—. Has hecho un milagro para mí. Prometo encontrar una mejor forma de estudiar.

Cuando se publicaron las notas, a Ben no le sorprendieron en absoluto. Había obtenido un 97% de acierto, el mejor de la clase. Los demás estudiantes no podían comprender cómo se había vuelto de repente tan bueno en química, pero Ben estaba seguro de que había sido gracias al sueño: Dios quería que fuese médico.

Durante su segundo semestre en Yale le fue mucho mejor. Se concentró mucho en estudiar todos los materiales antes de asistir a clase y descubrió que eso le ayudaba a entender bastante mejor las disertaciones de los profesores, incluso las que hacía el de química.

A medida que se aproximaban las vacaciones de verano, la mayoría de los estudiantes de Yale comenzaron a hablar acerca de sus planes. Algunos pensaban pasar algún tiempo en Europa. Otros se reunirían con sus familias para hacer un crucero por el Pacífico. Ben volvería a Detroit para supervisar al equipo de trabajadores de una autopista, como parte de un programa de creación de empleo para jóvenes urbanos. El trabajo consistía en organizar la recogida de la basura del arcén de la autopista interestatal. Ben sólo compartió sus planes con algunos de sus compañeros, pero se sentía agradecido de tener aquel trabajo. Significaba que tendría dinero para costearse el siguiente año de universidad y que podría pasar el verano viviendo en casa con su madre.

Apenas llevaba unas horas al frente de su nuevo puesto de trabajo cuando comprendió el gran desafío que se le presentaba. El equipo de jóvenes que se le había confiado se encontraba absolutamente desmotivado. Hacía mucho calor, era una tarea agotadora y los jóvenes no deseaban trabajar bajo aquellas condiciones tan duras. Los demás supervisores le dijeron que si conseguía que su equipo llenase doce bolsas de basura al día, podía considerarse satisfecho. Ben estaba horrorizado. A lo largo de los años, su madre le había imbuido el sentido de la importancia de dar lo mejor de uno mismo en el trabajo, sin importar lo insignificante que éste pudiera parecer. Pero no era su madre la que había criado al grupo de jóvenes de su equipo, así que decidió que intentaría ayudarles a entender el valor de trabajar.

Hasta donde podía ver, aquella actividad presentaba dos problemas. El primero era que el equipo trabajaba durante las horas más calurosas del día. El segundo era que los muchachos recibían la misma paga, independientemente de lo que se esforzasen. Para enfrentarse a esta situación les propuso un trato. Si empezaban a trabajar a las 6 de la mañana, cuando todavía estaba fresco, y trabajaban duro hasta haber llenado ciento cincuenta bolsas de basura, podrían tomarse el resto del día libre.

Cuando presentó la idea a los miembros de su equipo, estos empezaron a refunfuñar ante la perspectiva de empezar tan temprano. Sin embargo, les entusiasmaba la posibilidad de terminar pronto, así que decidieron implementar el plan. En efecto, trabajando en equipo al fresco de la mañana, sus muchachos fueron capaces de llenar el número requerido de bolsas en unas tres horas. Si se les daba bien el día, podían acabar hacia las 9 de la mañana, justo cuando los demás grupos apenas acababan de llegar al trabajo. El equipo de Ben no tardó en ganarse la reputación de ser el que mejor hacía las cosas. *¿Y por qué no?*, se dijo a sí mismo. *Han aprendido la satisfacción que supone trabajar duro y ser recompensados por ello.*

Aún así, Ben estaba ansioso por volver a Yale. Se sentía contento de haber completado su primer año de estudios. Ahora tenía la sensación de realmente pertenecer a aquel lugar.

Capítulo 8

Había algo en ella

Ben se encontraba junto a la mesa del bufé del Club de campo Grosse Pointe, en Míchigan. La única palabra que se le ocurría para describir lo que le rodeaba era *opulento*. Todo el club de campo, desde los suelos perfectamente barnizados y cubiertos con alfombras persas, hasta los sillones de cuero con cojines de seda, gritaba: ¡Dinero! Ben comenzaba su penúltimo año de estudios en Yale, y asistía a una recepción destinada a proporcionar información y apoyo a los nuevos estudiantes procedentes del estado de Míchigan. Tal y como esperaba, ninguno procedía del colegio Southwestern, pero sabía que había varios que venían de otros colegios públicos de Detroit.

Los nuevos estudiantes comenzaron a llegar a la recepción. Algunos se comportaban como si formasen parte de aquello de toda la vida, mientras que

otros parecían totalmente fuera de lugar. Ben podía sentirse identificado con el sentimiento de los
segundos. Había aprendido mucho durante los dos
años que había pasado en Yale. Al mirar a su alrededor, vio entrar en el salón a una joven. Llevaba un
vestido largo e iba peinada a lo afro. Cuando estuvo
lo suficientemente cerca, pudo leer lo que decía su
tarjeta de identificación: Lacena Rustin.

—Hola —dijo Lacena a Ben—. Todo el mundo me
llama Candy.

—Encantado de conocerte —respondió Ben—.
¿De dónde eres?

—De Detroit —dijo ella.

Ben y Candy charlaron durante unos minutos,
antes de que empezaran los discursos de bienvenida. Tras ellos, Ben estuvo departiendo con otros estudiantes recién llegados, pero, de vez en cuando,
miraba de reojo a Candy Rustin. Había algo en ella
que le atraía. Observó cómo se movía de grupo en
grupo, riendo con facilidad y escuchando lo que los
demás le decían.

De vuelta en el campus de Yale, Ben se encontró con Candy algunas veces. Ambos estaban matri-
culados en el programa de estudio de premedicina,
aunque ella cursaba, además, otras dos especializa-
ciones: música y psicología. Durante sus pocas conversaciones casuales en el campus, Ben supo que
Candy tenía un gran talento musical. Tocaba el piano
y el violín, y había formado parte de la Joven orquesta
sinfónica de Detroit y de la Joven orquesta sinfónica
del estado de Míchigan. De hecho, había ganado una
beca para asistir al mismo prestigioso campamento
musical de verano al que Ben quiso ir cuando estaba
en el colegio, y al que el director de su banda, Lemuel

Doakes, le había desaconsejado asistir, animándole a que se centrase en sus estudios científicos. Candy también era una excelente estudiante, y Ben esperaba con ilusión los encuentros casuales en el campus.

Algunos de sus amigos notaron que su amistad con Candy iba en aumento, así que le dijeron:

—Deberías salir con Candy. Ambos hacen una buena pareja.

Ben no estaba seguro. Nunca había tenido ni tiempo ni dinero para tener una cita, y en aquel momento, a sus veinte años de edad, se sentía inseguro de sólo pensarlo. Se había dicho a sí mismo que no tendría tiempo para tener una novia hasta que se graduase en la facultad de medicina, para lo que le faltaban todavía varios años.

No obstante, él y Candy siguieron siendo amigos. Cuando faltaba poco para las navidades, Aubrey Tompkins, el director de música de la iglesia de Ben, en New Haven, le preguntó si conocía a alguien que pudiese tocar el órgano durante el servicio de la iglesia. Ben pensó que quizá Candy necesitase algún dinero extra y le preguntó si quería el empleo; ella se mostró de acuerdo en presentar su solicitud.

La audición no fue bien. Candy había pasado los últimos tiempos concentrada en tocar el violín y hacía mucho tiempo que no tocaba el órgano, así que le faltaba práctica. Ben le escuchó intentar interpretar al órgano una pieza especialmente difícil de Mozart.

—Bueno, querida —dijo Aubrey cuando Candy hubo terminado—. No estoy seguro de que seas la persona indicada para el puesto. ¿Por qué no cantas en el coro?

Esperó curioso la reacción de Candy. ¿Sería demasiado orgullosa como para aceptar otro papel?

—Está bien, lo haré —dijo Candy con una gran sonrisa—. Supongo que ya no soy tan buena como antes tocando el órgano.

En su interior, Ben quedó muy complacido. Él cantaba en el coro de la iglesia, así que ambos se verían todos los viernes por la noche para practicar. Poco tiempo después, Candy se mostró interesada en formar parte de la congregación. Empezó a asistir a un estudio bíblico para nuevos miembros y Ben la acompañó en algunas ocasiones. Además, a veces caminaban juntos a clase por el campus.

Durante el verano de 1972, Ben trabajó en la línea de montaje de la planta que la Chrysler Motor Company tenía en Detroit. Se acordaba de que su padre había trabajado en la línea de montaje de la planta de Cadillac cuando él era un niño. Por entonces ya sabía mucho más acerca de lo ocurrido en el matrimonio de sus padres, aunque no le gustaba hablar de eso con nadie; era demasiado doloroso. Poco a poco, con el paso de los años, supo que su padre había cometido bigamia. Cuando se casó con su madre ya tenía otra esposa e hijos. Además, había ganado la mayor parte de su dinero vendiendo bebidas alcohólicas de forma ilegal y, probablemente, también drogas. Ben pensaba que seguramente su madre no les había dicho nada para evitarles la vergüenza.

A medida que iba reuniendo más retazos de información acerca de su padre, las cosas fueron cobrando sentido. Cuando Ben era pequeño, la familia siempre había tenido más dinero de lo que podía esperarse de un obrero de una línea de montaje de automóviles, y su padre lo derrochaba regalándole a su madre abrigos de piel caros y haciéndole otros obsequios. También recordaba a una familia a la que su padre visitaba los domingos, siempre sin su madre, y se preguntaba si aquella no sería la otra familia de su padre, y si aquellos chicos y chicas mayores no serían sus hermanos y hermanas por parte de padre.

De todas formas, eso ya daba igual. Su padre no tenía ya ninguna importancia en su vida, y Ben se sentía responsable de su madre. Sabía que nunca haría nada que pudiera ocasionarle dolor a ella, lo que incluía hacerle preguntas respecto a su padre. También había descubierto dónde iba su madre cuando les dejaba durante periodos de una o dos semanas. Ella misma solicitaba el ingreso en el pabellón de enfermos mentales de un hospital cercano, para recibir tratamiento. Ben no conocía todas las cosas que le habían sucedido a su madre cuando era pequeña, y tampoco quería saberlas. Sin embargo, estaba seguro de que aquellos sucesos, junto con la forma en que su padre había abandonado a la familia, debían de haber hecho a veces para su madre muy duro el seguir adelante. Por ello se alegraba de que, al menos, ella hubiese sido lo suficientemente humilde como para pedir ayuda.

Ben continuó progresando adecuadamente en sus estudios en Yale. Al llegar su último año, justo antes del día de acción de gracias, le ofrecieron la posibilidad de realizar labores de reclutamiento para Yale en los colegios de la zona de Detroit. El encargado de reclutamiento le dijo que podía llevar un colaborador con él, y que la universidad pagaría sus gastos, incluido el alquiler de un automóvil. Ben supo perfectamente desde el principio quién quería como acompañante. Sería perfecto, él y Candy pondrían pasar

el día de acción de gracias con sus familias y no les
costaría un penique. Incluso podrían comer en algunos restaurantes a lo largo del camino.

Todo fue conforme a lo planeado. Ben alquiló un
Ford Pinto, y él y Candy condujeron hacia el oeste en
dirección a Michigan. Una vez en Detroit, visitaron
todos los colegios del centro de la ciudad antes del
día de acción de gracias. Sin embargo, no pudieron
encontrar a nadie cuyas notas de aptitud universitaria fueran suficientemente altas como para ingresar
en Yale. Ben se sintió muy agradecido de que tanta gente hubiera creído en él y de que le hubieran
orientado a lo largo de su camino.

Mientras estuvieron en Detroit, Ben fue a conocer a algunos amigos y familiares de Candy, y ella
pudo conocer a varios familiares y conocidos de Ben,
así como a su madre. De hecho, Ben y Candy lo pasaron tan bien en Detroit que terminaron quedándose un día más de lo planeado. El domingo, bien
entrada la tarde, partieron de nuevo rumbo a New
Haven. Como el Pinto tenía que estar de vuelta en la
agencia de alquiler a las 8 de la mañana siguiente,
Ben tendría que conducir toda la noche para cumplir con la hora límite. Candy le dijo que permanecería despierta y le haría compañía.

La oscuridad envolvía al Pinto mientras avanzaba por la interestatal 80. Era cerca de la una de la
madrugada cuando llegaron cerca de Youngtown,
Ohio. El motor del Pinto emitió un gruñido bajo
cuando Ben lo puso a más de 140 kilómetros por
hora, con las ruedas retumbando sobre la superficie
de la carretera. Candy dormía a su lado. El oscuro
mundo exterior pasaba a toda velocidad ante el automóvil, los reflectores que delimitaban la carretera

destellaban durante un instante a la luz de los faros delanteros. Ben estaba sentado tras el volante. Durante un segundo, sus ojos se cerraron.

El repentino golpe de los neumáticos contra los reflectores del borde de la autopista hizo que Ben recuperase la conciencia. Abrió los ojos justo a tiempo de ver como las ruedas delanteras del Pinto avanzaban ahora por la gravilla del borde de la carretera. Ben retiró su pie del acelerador y pegó un volantazo. El automóvil no respondió. Las ruedas siguieron su curso a través de la gravilla en dirección a un barranco.

Durante los segundos que siguieron, Ben tuvo la certeza de que iba a morir. El automóvil caería por el barranco y se haría pedazos junto con sus ocupantes. *Así que este es el fin*. Las palabras le vinieron rápidamente a la mente mientras se preparaba para el impacto fatal. Pero éste no llegó. En lugar de ello, el automóvil viró en dirección contraria, girando sobre sí mismo varias veces antes de detenerse en medio de la carretera.

Temblando de forma incontrolable, Ben condujo el automóvil fuera de la autopista y lo estacionó en el arcén. Apagó el motor y esperó a que disminuyesen las palpitaciones de su corazón.

—No me lo puedo creer, estoy vivo —murmuró para sí mismo—. Gracias Señor. Sé que has sido Tú el que ha salvado mi vida y la de Candy.

Para su gran sorpresa, Candy permaneció dormida durante todo el incidente. Finalmente, se movió un poco y preguntó:

—¿Le ocurre algo al auto?

—No le ocurre nada —dijo Ben—. Todo marcha estupendamente.

—Pero no es posible que todo marche bien si estamos parados. ¿Por qué nos hemos detenido? —preguntó Candy.

—Simplemente, me he tomado un pequeño descanso —mintió Ben, al tiempo que arrancaba el vehículo y ponía rumbo a la autopista. De repente, volvió a llevar el automóvil al arcén y lo detuvo.

—Bueno, me temo que no te he dicho la verdad —admitió—. Me quedé dormido un poco más atrás y perdí el control del vehículo. Pensé que... nosotros... íbamos a morir.

Candy extendió su mano y la puso sobre la de él.

—Dios nos ha librado. Tiene planes para nosotros —dijo con dulzura.

Ben arrancó de nuevo el automóvil y volvió a la autopista. Ambos bajaron las ventanillas para que el aire frío del exterior entrase y les mantuviese despiertos. Mientras avanzaban, Candy y Ben empezaron a hablar, y Ben notó en seguida que aquella conversación era diferente. Algo había cambiado. Quizá el accidente que habían estado a punto de tener los había puesto en un estado de ánimo más serio. Por la razón que fuese, Ben se encontró a sí mismo confesándole a Candy que le gustaba mucho, muchísimo.

—Tú también me gustas, Ben —respondió Candy—. Más que ninguna otra persona que conozca.

Sin pensarlo, Ben disminuyó la velocidad del automóvil y lo detuvo una vez más en el arcén de la carretera. Esta vez se inclinó hacia el asiento de ella, la rodeó con sus brazos y la besó. Después volvió a llevar el automóvil a la autopista y continuó conduciendo.

Ben y Candy llegaron a Yale a tiempo de devolver el Pinto y asistir a clase. Durante el trayecto de vuelta habían llegado a un acuerdo tácito. Ben ya no pensaría en términos solamente de su futuro, sino que incluiría en sus planes también a Candy. A pesar de no haberlo pretendido, había encontrado a alguien con el que quería pasar el resto de su vida.

Ben estaba en el último año de su programa premédico, y había llegado el momento de solicitar el ingreso en la facultad de medicina, siguiente paso necesario del proceso para convertirse en un médico. La competencia por entrar en las mejores facultades de medicina era muy dura. Ben presentó solicitudes para varias de las más prestigiosas: la facultad de medicina de la universidad de Míchigan, en Ann Arbor; la facultad de medicina Johns Hopkins en Baltimore, Maryland; la facultad de medicina de Yale; y la facultad de medicina Wayne de la universidad del estado, situada en Detroit. La universidad de Michigan era su primera opción, y se sentía confiado en poder conseguirlo. Sus notas de premedicina eran buenas, y seguía convencido de que la voluntad de Dios era que fuese médico. En efecto, la solicitud de Ben para ingresar en el programa de estudios de medicina de Michigan fue aceptada entre las primeras, así que retiró sus solicitudes para las demás facultades.

Para Ben, lo más duro de graduarse en Yale fue separarse de Candy. A ella le faltaban aún dos años para terminar sus estudios, y ambos hablaron del futuro e hicieron planes informales para casarse cuando ella acabase sus estudios en Yale.

Tras la ceremonia de graduación, Ben regresó a Detroit con la esperanza de encontrar un trabajo durante las vacaciones. Era el verano de 1973, y la economía de Estados Unidos estaba en recesión. Ben no pudo encontrar empleo en ninguna parte, así que su madre pidió ayuda al Sr. Sennett, para el cual trabajaba, que era presidente de una gran acería. Ben quedó muy agradecido cuando éste le ofreció un trabajo de verano.

El primer día en su nuevo puesto, el capataz le enseñó cómo manejar la grúa para trasladar grandes pilas de acero. Pronto se dio cuenta de que, para ser operador de grúa, uno tenía que tener ciertos conocimientos de física y una buena capacidad para imaginar en tres dimensiones los movimientos de los objetos. Necesitaba ver en su mente la maniobra de elevación que iba realizar, para poder mover la pluma de la grúa hasta la posición correcta sobre el acero, que a menudo pesaba muchas toneladas. Ben tenía que levantar las pilas de acero con mucho cuidado, de forma que no se balanceasen mientras maniobraba la pluma y depositaba el acero en el remolque de un camión, estacionado en una estrecha área de carga. Era un trabajo de precisión, y Ben disfrutó con cada minuto del mismo.

Candy también había vuelto a su casa en Detroit a pasar el verano, y Ben intentó pasar con ella todo el tiempo que le fue posible. Al terminar las vacaciones, Candy volvió a Yale y Ben se dirigió a Ann Arbor para empezar a asistir a la universidad de Míchigan, donde compartiría alojamiento con su hermano Curtis. Tras graduarse del colegio Southwestern, éste había estudiado durante año y medio en la universidad de Michigan. En aquella época la guerra de Vietnam estaba en su apogeo, y se requería de todos los jóvenes que se registrasen en el servicio selectivo, un sistema de lotería que servía para decidir quiénes serían llamados a filas. Curtis recibió un número bajo para la lotería, lo que significaba que serviría en el ejército casi con seguridad, y que probablemente iría a luchar en Vietnam. Para evitar esa eventualidad, dejó sus estudios y se alistó en la marina, para al menos poder escoger el arma del ejército en la que servir. Una vez en la marina, fue asignado a un programa especial de entrenamiento como operador de un submarino nuclear. Tras cuatro años de vida militar, había vuelto a la universidad de Míchigan para terminar sus estudios de ingeniería.

A Ben le encantó reunirse de nuevo con su hermano, pero Candy nunca estaba muy lejos de sus pensamientos. Se escribían a diario y Ben conservaba cada una de las cartas de su chica en una vieja caja de bombones. A veces, cuando tenían dinero, se llamaban por teléfono y hablaban durante horas. De hecho, en una ocasión hablaron durante seis horas seguidas. Ben esperó asustado la llegada de la factura telefónica, pero nunca la recibió. Al final llegó a la conclusión de que alguien en la compañía de teléfonos habría pensado que se trataba de un error, ¡ninguna llamada podía durar tanto!

A Ben le fueron bien sus estudios en la facultad de medicina. No era el mejor estudiante de la clase, pero obtenía buenas calificaciones. Al finalizar el primer año, durante las vacaciones de verano, consiguió un trabajo temporal como técnico de radiología, y su labor consistía en hacer radiografías a los pacientes. Aprovechó la oportunidad para aprender todo lo que pudo sobre esa especialidad médica y sobre cómo tomar las mejores radiografías posibles, una habilidad que estaba seguro de que le ayudaría a lo largo de su carrera.

Durante su segundo año en la facultad de medicina, y último año de Candy en Yale, Ben empezó a ser cada vez mejor estudiante. Descubrió que le encantaba aprender mediante el estudio concienzudo de los libros de texto de la carrera, y sus notas mejoraron rápidamente. Ben se sentía aliviado, no sólo porque le gustaba obtener buenas calificaciones, sino también porque al año siguiente, en tercero, empezaría a tratar a sus primeros pacientes, realizando rotaciones de un mes en los diferentes departamentos del hospital. Se acercaba el momento en el que comprobaría en qué consistía realmente ser médico. Pero antes de eso, tuvo lugar un suceso muy concreto que llevaba esperando ansiosamente más que ningún otro.

Capítulo 9

Las cosas parecen encajar en su lugar

El 6 de julio de 1975 fue uno de los días más felices en la vida de Ben, el día de su boda. Candy acababa de graduarse en Yale y había llegado el momento de que empezaran su vida juntos. Ben tenía veintitrés años y aún le quedaban por delante varios años de estudios y prácticas médicas, pero estaba convencido de que esos años de estudio serían más fáciles con Candy a su lado. Ambos hablaron largo y tendido sobre lo muy ocupado que estaría Ben durante los años siguientes, y el poco tiempo que tendrían para estar juntos, pero Candy insistió en que no le importaba. Dado que a ella le encantaba involucrarse en actividades y relacionarse con la gente, Ben estaba seguro de que su esposa no permanecería en casa sintiéndose sola.

Tras la luna de miel, Ben y Candy alquilaron un apartamento en Ann Arbor, justo enfrente de la facultad de medicina. Poco después, Candy fue contratada para trabajar en las propias oficinas de la agencia estatal de empleo, mientras Ben se preparaba para su tercer año de estudios, en el que tendría guardias en el hospital y en las salas de operaciones.

Tal y como Ben había previsto, su esposa encontró muchas cosas para mantenerse ocupada. Rápidamente, se transformó en un miembro indispensable de la iglesia, dirigiendo un estudio bíblico para los jóvenes y empezando un coro de niños. También se unió como violinista a la orquesta sinfónica de Ann Arbor.

Durante su tercer año en la facultad, una de las primeras rotaciones de Ben fue en neurocirugía (cirugía del cerebro). El primer día de trabajo se puso la bata blanca quirúrgica, se lavó manos y brazos bajo un grifo de agua corriente y abrió la puerta de la sala de operaciones con la espalda. Por un instante se sintió como Ben Casey, el doctor de la serie de televisión que veía cuando era niño. Una vez dentro del quirófano, su pulso se aceleró. Observó cómo el cirujano dibujaba una línea a lo largo de la cabeza afeitada de una jovencita, desde la oreja derecha hasta la parte superior de la cabeza. Después, mediante un bisturí, cortó el cuero cabelludo a lo largo de la línea y lo echó hacia atrás, para dejar expuesto el cráneo. A continuación, taladró varios agujeros en éste y utilizó una sierra especial para cortar el hueso situado entre los agujeros. Con mucho cuidado, retiró el trozo de hueso craneal para dejar al descubierto la duramadre, la membrana protectora que rodea el cerebro.

Aunque era la primera vez que observaba una operación en el cerebro, al ver como las tijeras quirúrgicas se abrían paso lentamente a través de la duramadre, pudo anticipar el aspecto que tendría el órgano que había debajo. En efecto, la extraordinaria estructura sinuosa de la corteza cerebral pronto quedó al descubierto. A Ben le maravilló su contemplación.

Aquella tarde tuvo la oportunidad de charlar con varios de los estudiantes que habían estado con él en la sala de operaciones. Uno de ellos se quejó de lo difícil que era trabajar con el cerebro. Una vez que se abría el cráneo y el cirujano empezaba a operar en él, los tejidos se movían, y era fácil desorientarse y perder la noción de en qué parte del cerebro se encontraba uno. También era complicado distinguir el tejido cerebral normal, del tumor que el cirujano intentaba extirpar. Al escuchar esta queja Ben frunció el ceño. Allí donde su compañero había visto un obstáculo él vio un desafío, y a él le encantaban los desafíos.

Aunque la primera vez que pensó en ser médico había soñado con ser psiquiatra, aquella noche habló con Candy acerca de su interés por los desafíos que planteaba la neurocirugía. Le explicó cómo parecían encajar las cosas: desde que estaba en el colegio, le había interesado el funcionamiento del cerebro; y gracias a su experiencia como operador de grúa en la acería dos años antes, y a su imbatible récord como jugador de futbolín en Yale, era consciente de que poseía una excelente coordinación entre la vista y la mano, algo muy importante en un asunto tan delicado como la neurocirugía. Al finalizar su conversación con Candy, había tomado una decisión: se haría neurocirujano. Al fin y al cabo, seguiría trabajando en la mente de las personas, como siempre había planeado, pero de una forma muy diferente. Sabía que para capacitarse como neurocirujano tendría que comprometerse a estudiar un año de cirugía general y otros cinco años de neurocirugía. Pero a Ben no le importaba el número de años que tuviese que estudiar, ya que se sentía agradecido de haber descubierto al fin la dirección que debía seguir como médico.

Una semana después, pudo observar otra operación. Esta vez la paciente era una mujer de mediana edad que padecía una enfermedad llamada neuralgia del trigémino. Ben vio cómo el cirujano practicaba una pequeña abertura en el hueso mastoideo, detrás de la oreja.

—Busco el foramen oval —dijo el cirujano—. Así podré localizar el nervio trigémino.

Giró lentamente el bisturí y miró por el microscopio quirúrgico.

—No es fácil encontrarlo. De hecho, a veces es la parte más difícil de la operación. ¿Qué puede decirme acerca de él, Carson?

Ben pensó por un momento, entonces dijo:

—Entre los diferentes agujeros del cráneo por los que pasan los nervios que van al cerebro, el foramen oval es uno de los mayores. Está situado en la parte posterior del hueso esfenoides, en situación posterolateral respecto al foramen redondo mayor. A través de él, pasan el nervio mandibular, la rama mandibular del nervio trigémino, la arteria meníngea accesoria, el nervio petroso superficial menor, las venas emisarias y el ganglio ótico.

—Buen trabajo —dijo el cirujano—. ¿Y la neuralgia del trigémino? —preguntó, sin dejar de mirar por el microscopio mientras sondeaba el interior del cráneo de la mujer con una larga aguja.

Ben se alegró de haber pasado tanto tiempo estudiando sus libros de texto. Se sabía hasta la página exacta del libro en la que se explicaba esa enfermedad.

—Es un dolor crónico que afecta al nervio trigémino. Se trata de una enfermedad conocida a veces como enfermedad suicida, porque el dolor facial que provoca es tan intenso que los pacientes acaban deseando quitarse la vida. De hecho, está considerado como uno de los dolores más intensos conocidos por el ser humano.

—Así es —confirmó el cirujano.

Mientras observaba al cirujano buscar el agujero, pensó: *Tiene que haber una forma más fácil. Seguro que yo podría descubrirla.* Se frenó en seco. A veces los demás estudiantes bromeaban sobre lo creído que era, así que se preguntó: *¿No estaré demasiado seguro de mí mismo? Este hombre es un neurocirujano muy respetado, de uno de los hospitales universitarios más importantes del país. ¿No crees que si hubiera una forma más fácil de hacerlo, él ya la habría encontrado? No tengo experiencia en esto. Lo mejor es que mantenga la boca cerrada y aprenda todo lo que pueda.*

Pero la voz en su interior no se callaba. *Tiene que haber una más sencilla de hacerlo. El cirujano está desperdiciando un tiempo de operación muy valioso.*

Una vez que el cirujano hubo localizado el foramen oval, Ben quedó absorto en la operación. No obstante, dejó el quirófano decidido a encontrar una forma de operar de un modo más eficiente, y ya tenía una idea. Durante el verano de 1974 había trabajado como técnico de rayos X, por lo que se preguntaba si no habría manera de utilizar un equipo de rayos X para ayudar a localizar el foramen oval.

La primera mañana libre que tuvo, Ben fue a visitar el departamento de radiología y habló con sus amigos acerca de la idea que había tenido. El jefe del departamento le dio permiso para utilizar sus equipos con el fin de hacer experimentos. Ben no tardó mucho en inventar una técnica simple que pensaba que podría funcionar. Consistía en situar dos pequeños anillos de metal en el cráneo, uno a un lado y otro en lado opuesto, tras la parte inferior de la oreja, donde estaba situado el foramen oval. Después Ben pasaba rayos X a través del cráneo de forma que el haz atravesase ambos anillos de metal, ajustando la cabeza del paciente hasta que el foramen oval fuese claramente visible cuando los rayos X pasaran a través de los dos anillos. El cirujano podía ahora localizar con precisión el foramen oval.

Era una solución simple y directa, tanto, que Ben empezó a tener dudas. *Si es tan sencillo, ¿por qué a nadie se le ha ocurrido antes utilizar esta técnica?* Decidió no comentarla con nadie hasta que él mismo tuviese la oportunidad de ponerla en práctica. Cuando esta surgió, Ben tuvo la agradable sorpresa de comprobar que, utilizando su técnica, podía localizar el foramen oval más rápidamente que cualquiera de los cirujanos con experiencia que había observado hasta entonces.

Ben puso en práctica el procedimiento dos veces, para asegurarse de que no había tenido la suerte del principiante, y cuando funcionó una segunda vez, les enseñó a sus profesores de neurocirugía lo que estaba haciendo. Su profesor jefe estaba impresionado.

—Muy ingenioso, Carson. Cuesta creer que nunca se le haya ocurrido antes a nadie. Pero le felicito por haberlo ideado —dijo el profesor mientras le palmeaba la espalda.

Ben se sintió fenomenal y esto le sirvió de ánimo para esforzarse todavía más en sus estudios. Quería saber todo lo posible sobre neurocirugía y después trabajar para descubrir nuevas técnicas con las que resolver los problemas que surgiesen. Estaba más decidido que nunca a ser el mejor neurocirujano posible. Ben aprendió tanto, que al año siguiente los médicos internos residentes y los residentes junior —en ambos casos de un nivel más alto en el escalafón que él— empezaron a hacerle preguntas y a confiar en él para que se encargase de sus casos, mientras ellos se tomaban sus bien merecidas siestas en la sala de residentes.

Todo iba conforme a sus planes, y esperaba poder hacer tanto su año de internado como su residencia en neurocirugía en la universidad de Michigan. Entonces escuchó una conversación que le hizo cambiar de planes. Estaba a la espera de un informe cuando sin querer escuchó la conversación de un médico con uno de sus profesores. Ambos le daban la espalda, pero hablaban bastante alto, así que no le costó entender lo que decían.

—El jefe de la sección de neurocirugía se marcha —oyó que afirmaba el profesor. Ben aguzó el oído.

—¿Tan grave es la situación? —preguntó el otro doctor.

—Me temo que sí. Él mismo me lo ha contado. Demasiada politiquería y puñaladas por la espalda.

Ben se sintió fatal. Como estudiante, era consciente de que había cierta tensión en el departamento de neurocirugía, pero no pensó que las cosas estuviesen tan mal. Ahora sabía que sí que lo estaban. Al cabo de poco tiempo se anunció la marcha del jefe de dicho departamento. Dado aquel giro en los acontecimientos, Ben consideró sus opciones. Quería permanecer centrado en sus estudios, pero sospechaba que el período de transición, hasta que se nombrase a un nuevo jefe de departamento, sería un tiempo difícil, y que la lealtad de muchos médicos sería puesta a prueba. Ben no tenía tiempo que perder en todo aquel drama, así que empezó a buscar alternativas.

Una opción que le vino de forma inmediata a la mente fue la del hospital Johns Hopkins, en Baltimore. Por lo que sabía de primera mano y lo que había leído en las revistas médicas sobre aquel lugar, su programa de estudios médicos era impresionante, así que decidió presentar una solicitud para continuar allí su preparación. Sus notas eran excelentes, y había recibido varios reconocimientos por sus innovaciones, pero ¿sería aquello suficiente como para ingresar en el programa de neurocirugía del Johns Hopkins? Ben no estaba seguro. El problema era que había ciento veinticinco graduados de la facultad de medicina compitiendo por las dos únicas plazas disponibles. A pesar de ello, Ben envió su solicitud y pronto supo que había pasado a la siguiente fase de selección: la entrevista.

—Pase, por favor —dijo el Dr. George Udvarhelyi, jefe del programa de capacitación de neurocirugía en el Johns Hopkins.

Ben entró en el gran despacho y tomó asiento frente a la mesa del doctor, impresionado con las valiosas antigüedades que decoraban la habitación.

—Bien, cuénteme algo acerca de usted —dijo el
Dr. Udvarhelyi en su inglés con acento húngaro,
mientras encendía una pipa.

—El Johns Hopkins es mi primera opción para
completar mis estudios de medicina —empezó a decir Ben—, de hecho, es mi única opción. Este es el
hospital donde deseo estudiar este otoño.

Ben pensaba muy bien cada palabra que decía.
Se jugaba mucho en aquella entrevista y no quería
decir nada que perjudicase sus opciones de conseguir una plaza.

—¿Y por qué decidió estudiar medicina? ¿A qué
aspira usted? ¿Cuáles son sus principales campos
de interés? —el Dr. Udvarhelyi siguió asaeteándolo
a preguntas.

En el transcurso de la conversación, el doctor
mencionó que había asistido a un determinado concierto de música clásica la noche anterior. Ben había estado en ese mismo concierto, y se lo comentó
al Dr. Udvarhelyi.

—¿Estuvo en ese concierto? —preguntó el doctor
con un tono de sorpresa en la voz—. ¿Lo disfrutó?

—Sí, aunque el solista de violín no era tan bueno
como me esperaba —respondió Ben.

Una amplia sonrisa iluminó el rostro del entre-
vistador.

—Tiene usted razón. Yo pensé lo mismo. El solista tocó bien, técnicamente hablando, pero, de alguna forma, su interpretación me pareció insípida.

Poco después, Ben y el Dr. Udvarhelyi charlaban
entretenidamente sobre música clásica.

Cuando le llegó la noticia de que había sido aceptado en Yale para hacer el curso de premedicina, Ben
empleó su tiempo antes de partir hacia New Haven

en aprender todo lo que pudo sobre arte y humanidades. Tenía la esperanza de que, una vez en Yale, lo escogiesen para formar parte del equipo que competía con otras universidades en el programa de televisión que había visto. Como sabía que para estar en el equipo uno necesitaba tener una amplia cultura general, se había dedicado a corregir sus múltiples carencias culturales. Una de ellas era la música clásica, un tema que había notado que aparecía una y otra vez en el concurso, cuando se le preguntaba a los concursantes acerca de algún instrumentista o compositor de música clásica.

Sin embargo, sus esfuerzos resultaron inútiles ya que el año que Ben comenzó en Yale cancelaron aquel programa de televisión. No obstante, ahora que estaba sentado hablando con el Dr. Udvarhelyi, podía recordar todo lo que había aprendido sobre compositores e intérpretes de música clásica, así que ambos pudieron tener una conversación profunda sobre el asunto. Cuando quiso darse cuenta, Ben llevaba ya más de una hora charlando sobre música clásica.

Cuando terminó la entrevista, Ben salió del despacho del Dr. Udvarhelyi sin saber muy bien lo que pensar. Ambos habían establecido un vínculo basado en la música clásica, y de hecho habían hablado sobre ella más que de su currículo médico. Ben se preguntó si al final eso jugaría en su contra. Al fin y al cabo, había presentado una solicitud para transformarse en neurocirujano, no en crítico musical.

La preocupación de Ben resultó innecesaria. Pronto recibió una carta confirmándole que había sido aceptado como residente en el programa de neurocirugía del Johns Hopkins. Estaba eufórico. Iba a estudiar en el que consideraba uno de los mejores hospitales de Estados Unidos, y quizá del mundo.

A principios del otoño de 1977, Ben y Candy se mudaron a Baltimore. Ann Arbor era una pintoresca ciudad universitaria, en cambio Baltimore era una ciudad grande y bulliciosa, y ambos estaban contentos de vivir de nuevo en una gran ciudad. Candy encontró rápidamente trabajo temporal como administrativa en la Compañía de seguros generales de Connecticut. Más tarde consiguió un puesto permanente como auxiliar de edición de uno de los profesores de química de la universidad Johns Hopkins. Como era empleada de la universidad y Ben era interno allí, Candy tenía derecho a recibir clases gratis. Ben se alegró mucho al saber que su esposa deseaba conseguir un máster en la escuela de negocios. Los siguientes años de estudio y capacitación iban a requerir la mayor parte de su atención y energías.

Capítulo 10

«Inténtalo»

En abril de 1981, Ben Carson era residente sénior en el Hospital de la ciudad de Baltimore, vinculado al Johns Hopkins. Se quedó mirando al hombre de la camilla y luego al auxiliar de ambulancia que lo había llevado hasta la sala de emergencias.

—La policía dice que lo han golpeado con un bate de beisbol —dijo el auxiliar.

Ben suspiró. Se preguntaba si alguna vez conseguiría acostumbrarse a ver las terribles cosas que las personas podían hacerse unas a otras. Se inclinó y palpó con cuidado el cráneo de aquel hombre. El paciente tenía los ojos cerrados e hinchados, y estaba en coma. Un vistazo rápido a los monitores que tenía conectados le confirmó que su estado empeoraba rápidamente.

Ben sabía que para salvar la vida de aquel hombre tenía que actuar sin demora. Necesitaba encontrar a un neurocirujano competente, y necesitaba hacerlo rápido. Se acercó al teléfono más cercano para ponerse en contacto con alguno de ellos cuando recordó que, en aquel momento, todos los neurocirujanos del Johns Hopkins menos uno asistían al cincuenta aniversario de la Asociación estadounidense de neurocirujanos que se celebraba en Boston. Tan sólo quedaba un profesional en la ciudad, y Ben esperaba que respondiese al teléfono. No lo hizo, y la recepcionista no sabía dónde localizarlo. Ben hizo llamada tras llamada, intentando frenéticamente localizar a la persona que podía salvar la vida del paciente que estaba en la sala de emergencias. Pero el neurocirujano no aparecía por ninguna parte.

—Lo estamos perdiendo —dijo la enfermera de emergencias, que apareció detrás de Ben.

Ben se dio la vuelta. Sabía que si no reducían rápidamente la presión en el cerebro de aquel hombre, éste moriría. Para reducirla necesitaban practicar una lobectomía cerebral, la remoción de los lóbulos frontal y temporal. Aunque era posible llevar una vida normal sin esas partes del cerebro, era una operación muy seria, a veces de efectos devastadores, que sólo un neurocirujano cualificado podía llevar a cabo. Pero, en aquel momento, Ben no conseguía ponerse en contacto con el único cirujano cualificado de Baltimore. *¿Qué debería hacer?*, se preguntaba a sí mismo. Si no hacía nada, el paciente moriría en pocos minutos. ¿Debería operarlo él mismo y dar a aquel hombre una oportunidad de sobrevivir, a pesar de que aquello iba en contra de los protocolos del hospital? Ben no estaba seguro, pero lo cierto era que, de todas las personas reunidas en la sala de emergencias, él era el mejor preparado para realizar la operación. No obstante, nunca había llevado a cabo antes una operación de ese tipo sin la presencia de un supervisor.

La mente de Ben era un torbellino de pensamientos contradictorios. Incluso si la cirugía salía bien, el paciente podía demandarlo por haberla realizado sin la supervisión correspondiente. Peor todavía, el paciente podía sufrir una hemorragia y morir en la mesa de operaciones, o pasar el resto de su vida en coma. A Ben sólo le quedaban algunos segundos para sopesar las ventajas de no hacer nada, contra las consecuencias potencialmente desastrosas que podían derivarse de intentar salvar la vida de aquel hombre.

—Inténtalo —oyó que decía una voz masculina.

Se dio la vuelta y vio a Ed Rosenquist, un médico ayudante, parado junto a la puerta. Ben asintió.

—Tienes razón. Lleven el paciente al quirófano.

Nada más dar la orden, sintió que lo invadía una gran calma. Ben se centró en lo que tenía que hacer a continuación. Ed lo siguió por el pasillo hasta la sala de operaciones, mientras comentaban los detalles de la operación que iban a realizar. Él sería el médico ayudante de Ben.

Se lavó meticulosamente las manos y se preparó para la operación. Al entrar en el quirófano donde el paciente había sido rápidamente preparado para la operación, todavía se encontraba tranquilo. De forma veloz, pero con gran cuidado, Ben levantó el cuero cabelludo del hombre y retiró una gran parte del hueso craneal. Después procedió a retirar del lado derecho de su cabeza los lóbulos frontal y temporal hinchados. La operación transcurrió sin ninguna complicación, y Ben envió al paciente a posoperatorio a recuperarse, orando para que todo le fuera bien a aquel hombre.

A lo largo de la semana siguiente, el paciente experimentó una notable recuperación. Se despertó del coma y empezó a funcionar con normalidad, por lo que poco tiempo después recibió el alta en el hospital. Ben se sintió aliviado por el resultado de la operación, y más aún cuando sus supervisores no le reprendieron por actuar en solitario. Lo cierto era que, sin la valiente decisión de Ben, el hombre podría haber muerto.

Ben llevaba ya cuatro años como residente en el Johns Hopkins y, tras seis años de matrimonio, Candy esperaba gemelos. Estaba encantado, y esperaba ilusionado el momento de ser padre. Pero a finales de 1981 Candy tuvo un aborto espontáneo. Fue un golpe muy triste para ambos, pero permanecieron fuertes en su fe, confiando en que Dios les daría más hijos algún día.

Ben continuó buscando formas mejores y más rápidas de practicar operaciones en el cerebro. El Dr. Udvarhelyi, un cirujano de renombre mundial, fue su inspiración. A finales de los años sesenta el Dr. Udvarhelyi había perfeccionado una técnica de microcirugía para retirar tumores en la pituitaria, en la base del cerebro, a través de la nariz. Ben estaba interesado en aprender más acerca de cómo crecían los tumores cerebrales. Obviamente, para descubrirlo no podía experimentar con cerebros humanos. Antes tendría que practicar con animales. Pero, ¿qué animal sería el adecuado para sus experimentos?

Ben analizó una serie de animales de laboratorio. Muchos científicos utilizaban ratas o ratones, pero estos eran demasiado pequeños para sus propósitos. En realidad, supuso un alivio. Desde que siendo niño había vivido en un apartamento en Boston, odiaba las ratas. Ben visitó varios laboratorios del Johns Hopkins. Algunos de ellos experimentaban con perros, pero le advirtieron de que estos, como sujetos de investigación, tendían a ofrecer resultados inconsistentes. Otros utilizaban monos, pero resultaba caro comprarlos y mantenerlos.

Un día, en el sótano del edificio Blaylock, Ben conoció al Dr. Jim Anderson, que utilizaba conejos blancos de Nueva Zelanda para sus investigaciones. El Dr. Anderson le explicó que trabajaba con VX2, una droga que provocaba tumores en los conejos, de forma que pudiese investigar cómo curarlos.

—Los conejos muestran resultados consistentes —dijo.

Gracias a la ayuda y estímulo del Dr. Anderson, Ben se puso a investigar los tumores cerebrales en los conejos. Al principio supuso todo un desafío, pero con el tiempo pudo comprender más acerca de sus causas y de cómo curarlos.

El Dr. John Hilton, bioquímico del laboratorio de oncología en el Johns Hopkins, ayudó a Ben a estudiar las células tumorales. Esto le dio la oportunidad de representar gráficamente y entender el proceso de crecimiento de los tumores cerebrales. Empezó por escanear mediante tomografía computarizada (TC) cada etapa del crecimiento de un tumor. Las imágenes por resonancia magnética (IRM) eran aún una tecnología reciente, que se acababa de inventar en la Alemania Occidental, y todavía no estaba disponible en Estados Unidos. Ben sabía que podía obtener mejores resultados con una IRM que con una TC, y el Dr. Anderson le echó una mano. Como en Estados Unidos aún no había máquinas de IRM, aceptó llevar una serie de conejos a la Alemania Occidental para tomar unas imágenes por resonancia magnética. Ben deseaba acompañarlo, pero andaban escasos de dinero y el pasaje de avión a Alemania era caro.

En 1982, el hospital Johns Hopkins adquirió un escáner para tomografías por emisión de positrones (TEP). Fue uno de los primeros hospitales del país en conseguir esa máquina, y los conejos de Ben fueron las primeras criaturas escaneadas mediante esa nueva tecnología

Ben obtuvo el premio al residente del año por su trabajo, y sus hallazgos fueron publicados en las revistas médicas. Fue un honor para alguien que todavía no había terminado su programa de capacitación. El trabajo constante de Ben y sus investigaciones le hicieron sobresalir entre sus compañeros. Un resultado sorprendente de todo esto fue que un cirujano visitante intentó reclutarlo para un hospital australiano. Se llamaba Bryant Stokes, y era neurocirujano sénior en Perth, en un estado de Australia Occidental. El Dr. Stokes aprovechaba cada oportunidad para recomendar a Ben que fuese a trabajar a Australia.

—¡Te encantará, Ben! —decía—. Tan sólo piénsalo, en un año allí conseguirás tanta experiencia como neurocirujano como la que podrías obtener en cinco años en cualquier otro lugar.

Ben no tardó en acostumbrarse a las tentativas del Dr. Stokes, y aprendió a esquivarlas con respuestas como «Lo pensaré» y «Ahora no es el momento, pero agradezco su sugerencia».

En secreto, Ben sabía que nunca podría ir a Australia. No era lugar adecuado para él. De hecho, tampoco para ninguna persona de raza negra. Recordaba haber leído acerca de la «política para una Australia blanca», por la que sólo se permitía a gente de esa raza establecerse en el país. Al parecer, tenían un sistema de apartheid incluso más severo que el de Sudáfrica. A Ben no le gustaba hablar mucho de ello, pero ya había experimentado cierta dosis de racismo en el Johns Hopkins, a pesar de ser una institución que se esforzaba mucho por adoptar una política de plena igualdad racial. Ya se había acostumbrado a las miradas que le dirigían las enfermeras cuando les decía que era médico, y no un ayudante de hospital, y sabía que algunos pacientes habían pedido un cambio de médico porque no querían que les atendiese alguien de raza negra. Ben agradecía el apoyo de la dirección del hospital, que siempre se había negado a cambiar la agenda de operaciones, pero le dolía saber que había gente que le juzgaba por su aspecto y no por lo que podía hacer. Por todo ello, no tenía ningún deseo de ir a un país donde pudiese no ser bien recibido a causa del color de su piel. No era una situación que quisiese para sí mismo ni para Candy, que otra vez estaba embarazada. Ambos esperaban y oraban para que esta vez el embarazo llegase a su término.

Ben tenía planes muy claros para su futuro. El Dr. Donlin Long, jefe de neurocirugía, le había invitado a quedarse en el Johns Hopkins. Todo parecía decidido excepto por un detalle: Ben no podía quitarse de encima la idea de ir a Australia. ¿Pero cómo iba a ser posible si la gente de allí tenía tantos prejuicios raciales? Ben le comentó la situación a Candy, quien, para su sorpresa, se mostró abierta ante la posibilidad.

—Quizá no deberíamos descartarlo, Ben —dijo ella—. ¿Qué te parece si me acerco mañana a la biblioteca y veo lo que puedo encontrar acerca de la política racial en Australia? Quizá las cosas no sean tan malas como tú crees. Al fin y al cabo, el Dr. Stokes piensa que encajarías.

Al día siguiente, Ben recibió una llamada de teléfono de Candy.

—Estoy en la biblioteca. ¿Recuerdas la política de favorecer a los blancos que tanto te preocupaba?

—Sí —dijo Ben.

—Australia abolió esa ley en 1968, hace quince años.

Aquella noche, Ben y Candy hojearon los libros que ella había tomado prestados de la biblioteca. Les gustó lo que leyeron. Australia era un país moderno y democrático que tenía un buen sistema de salud. Además, el clima de Perth parecía idílico en comparación con los fríos inviernos de Maryland.

—Quizá deberíamos considerar la invitación del Dr. Stokes —dijo Ben—. Podría suponer un gran cambio en mi carrera, y Australia parece ser un lugar interesante de visitar. ¿Qué te parecería tener allí el bebé?

Candy sonrió.

—Parece que Australia tiene un gran sistema de salud. Estoy segura de que allí estaré tan bien cuidada como en cualquier otro lugar. Aunque el vuelo será un poco incómodo.

Ben asintió. Perth estaba a 18.630 kilómetros de Baltimore, al otro lado del mundo. Les llevaría unas veinticuatro horas de vuelo llegar allí.

Aunque sus amigos y colegas no podían entender por qué se sentían atraídos por Australia, Ben solicitó la plaza de encargado sénior de neurocirugía en el hospital Sir Charles Gairdner del centro médico

Queen Elizabeth II. Se trataba del principal centro de enseñanza médica de Australia Occidental y el único centro de referencia de ese estado para la cirugía cerebral.

Tan sólo dos semanas después recibió la respuesta: «Hemos aceptado su solicitud». Ben leyó la carta y dejó escapar un grito de alegría. Él y Candy se embarcarían juntos en esa aventura.

Compró pasajes para Perth sólo de ida, que era lo único que se podían permitir. En junio de 1983, tras despedirse de sus amigos y de su familia, la pareja subió al avión. Por entonces, Candy estaba embarazada de seis meses, pero se la veía radiante mientras se abrochaba el cinturón de seguridad. Ben se arrimó a ella y la tomó de la mano. Nunca había salido de Estados Unidos, y aquí estaba él, nada menos que de camino a Australia.

Capítulo 11

El nuevo jefe

Ben desembarcó del avión en Perth, Australia Occidental. En el hemisferio sur era invierno, pero aquello no se parecía en nada a los inviernos que él había pasado en Estados Unidos. El sol brillaba, y la temperatura era de veinte grados centígrados.

Perth era la cuarta ciudad más grande de Australia, y a Ben le gustó su aspecto. Estaba situada entre el río Swan y el océano Índico. En ella abundaban los parques y las zonas protegidas. Para su gran alivio, los australianos eran afables y amistosos. Le pareció que aquel era un lugar muy agradable para vivir, al menos durante un año.

A los pocos días de llegar, Ben y Candy encontraron una pequeña casa para alquilar en Nedlands, una zona situada al oeste del centro de la ciudad. Estaba situada a unas pocas manzanas del hospital Sir Charles Gairdner y de una iglesia cercana. Los

Carson visitaron la iglesia y se sintieron como en casa. Los miembros de la congregación les trataron como si fueran parientes que hacía mucho tiempo que no veían. Recibieron un montón de invitaciones para cenar, así como ofrecimientos para ayudarles a preparar el cuarto del bebé. Ambos quedaron muy agradecidos por las numerosas muestras de amor y afecto.

Al poco tiempo, Ben empezó a trabajar en el hospital. Tenía 31 años, pero parecía mucho más joven. Sabía que a algunos de los cirujanos más veteranos les costaba tomarle en serio, así que espero a que surgiera una oportunidad que le permitiera demostrarles todo lo que podía hacer. No tuvo que esperar mucho. Menos de un mes después de su llegada, Ben estaba en una reunión en la que se discutía el caso de una joven paciente a la que se le había diagnosticado un gran neurinoma del acústico, un tumor benigno que crecía en la base del cráneo, sobre el nervio que conecta el oído al cerebro. Potencialmente, el tumor podía producir sordera, debilitamiento de los músculos faciales e incluso parálisis.

El neurocirujano jefe balanceó preocupado la cabeza al contemplar las radiografías de la mujer.

—Este es uno de los neurinomas del acústico más grandes que jamás he visto. No me extraña que sufra tantos dolores. Ya he hablado con ella, y comprende que, debido al tamaño del tumor, no va a resultar posible salvar los nervios craneales.

Mientras hablaba el cirujano jefe, Ben repasó mentalmente el procedimiento quirúrgico. Cualquier daño en los nervios craneales podía tener un impacto tremendo en la vida de la joven. Ben tomó la palabra sin miedo:

—¿Le importaría que intentara hacerlo utilizando la técnica microscópica que usaba en el Johns Hopkins? Si tiene éxito, podría salvárselos.

El cirujano jefe dirigió a Ben una mirada escéptica.

—Adelante. De una cosa estoy seguro, vale la pena intentarlo.

Ben sabía que cuestionar la forma de ver las cosas de un cirujano sénior iba contra el protocolo, y no digamos ya realizar la operación conforme a un criterio diferente. Sin embargo, creía poder operar minimizando al máximo el daño en los nervios.

—Gracias —le dijo al cirujano jefe—, creo que las posibilidades de éxito son buenas.

Mientras les describía la forma en que se proponía operar al paciente, era consciente de que nadie en la sala pensaba que realmente pudiese hacerlo. Todo el mundo esperaba que fracasase, se le bajasen los humos y pasase a ser un residente más que obedece las órdenes y no cuestiona a sus mayores.

A la mañana siguiente Ben leyó varios capítulos del libro de Proverbios, como siempre hacía, y le rogó a Dios que guiase sus manos a lo largo de la operación. Ésta duraría diez horas, durante las cuales Ben iba a necesitar estar plenamente concentrado. Una vez en el quirófano, permaneció hora tras hora con la vista puesta en el microscopio quirúrgico, mientras iba retirando metódicamente el neurinoma del acústico. Cuando acabó la operación, estaba exhausto, pero también eufórico, porque había tenido éxito. Los nervios craneales estaban en su sitio y no habían sufrido ningún daño. La joven se recuperó totalmente.

Aunque el cirujano sénior no le comentó nada a Ben, la voz se corrió por el hospital: el Dr. Ben Carson puede realizar operaciones complejas y arriesgadas. No pasó mucho tiempo hasta que los demás cirujanos empezaron a buscarlo para que les reemplazase en algunas operaciones particularmente arriesgadas, como la que le realizó al jefe del cuerpo de bomberos de Perth. Éste tenía un gran tumor que afectaba por completo a los principales vasos sanguíneos de la parte anterior (frontal) de la base del cráneo. Su estado constituía todo un desafío, y Ben tuvo que operarlo tres veces para poder retirar su tumor por completo. Fue una intervención muy delicada, y el jefe de bomberos tardó un tiempo en recuperarse, pero su recuperación fue total.

A Ben le encantaba el desafío de enfrentarse a casos quirúrgicos difíciles. No tardó en comprender lo útil que le estaba siendo su experiencia en Australia. Estaba realizando, como mínimo, el triple de craneotomías que habría hecho en Estados Unidos en el mismo periodo de tiempo. Las craneotomías consistían en abrir el cráneo del paciente para retirar coágulos de sangre u operar aneurismas cerebrales. Pronto adquirió la suficiente confianza como para realizar muchas formas complejas de cirugía en el cerebro.

En casa, las cosas también marchaban bien. Candy permanecía saludable y, el 12 de septiembre de 1983, dio a luz a un niño. Ben y Candy le dieron un nombre completamente australiano: Murray Nedlands, como el río más largo de Australia y como el nombre de la zona de Perth en la que vivían. Al contemplar a su hijo, Ben recordó que su propio padre le había abandonado. En aquel momento le prometió a Murray que él sería diferente. Ben sería un buen padre, que proporcionaría a su familia estabilidad financiera y emocional, y de paso, también algo de diversión.

Con un bebé en casa y todas sus responsabilidades en el hospital Sir Charles Gairdner, a Ben, el año en Australia se le pasó volando. Había llegado el momento de que la familia Carson regresase a Estados Unidos. Ben dejó Perth agradecido por todas las cosas maravillosas que le habían ocurrido a él y a su familia durante su estancia allí: un hijo, muchísima experiencia en cirugía cerebral, nuevos amigos y una iglesia que les acogió como si fuesen de la familia. Aunque cuando le hablaron al principio de ir a Australia, le había preocupado el tema racial, lo cierto era que a lo largo de aquel año en Perth se había sentido bienvenido, aceptado y respetado como un miembro importante del equipo del hospital.

A mediados de 1984, cuando volvieron a Estados Unidos, se preguntaba que le traería el futuro. ¿Dónde trabajaría como neurocirujano? ¿Volvería al hospital Johns Hopkins o iría algún otro lugar?

Al poco de volver a casa, se encontró con una oferta de empleo del jefe de cirugía del hospital Provident, en Baltimore. Mientras escuchaba al cirujano que hablaba con él, se dio cuenta de que la oferta tenía sentido. El hospital Provident estaba situado en la zona sur de la ciudad y daba servicio a una comunidad principalmente negra. Al saber que Ben estaba interesado en volver al Johns Hopkins, aquel hombre le preguntó si realmente pensaba que alguna vez lo ascenderían, o sería realmente apreciado allí. ¿Cómo iba alguien a enviarle pacientes, si él era negro y la mayoría de los pacientes del hospital eran blancos?

Ben entendía a dónde quería llegar el cirujano jefe del Provident, pero tenía sus dudas. Era cierto que cuando estaba de residente en el Johns Hopkins algunos pacientes lo habían menospreciado, o incluso habían solicitado otro cirujano. Pero el personal del hospital siempre se había portado bien y había mostrado aprecio hacia sus habilidades.

Cuanto más pensaba en ello, más se dabá cuenta de que donde quería estar era en el Johns Hopkins, un hospital universitario que experimentaba con nuevos tratamientos médicos y técnicas quirúrgicas. Ese era el tipo de medicina que a él le gustaba. Además, allí tenía a amigos y mentores que le ofrecían buenos consejos. Es posible que el color de su piel representase un problema, pero él no pensaba que fuese a serlo. Finalmente, rechazó el puesto como cirujano que le ofrecía el hospital Provident y regresó al Johns Hopkins.

Pronto se dio cuenta de que había tomado la decisión correcta. La plantilla del hospital le recibió con los brazos abiertos. Los avances técnicos del centro durante el año que él había estado fuera dejaron impresionado al joven cirujano. Ahora tenían una máquina de IRM. A Ben le encantaba trabajar en una institución que utilizaba la tecnología médica más avanzada, especialmente en el campo de la neurocirugía.

Pocos meses después de su regreso, los acontecimientos dieron en el hospital un giro inesperado. El jefe de neurocirugía pediátrica se marchó para ocupar un puesto en la universidad de Brown y Ben se preguntó quién ocuparía su lugar. Cuando el Dr. Donlin Long, jefe del departamento de neurocirugía, le pidió que considerase la posibilidad de que le propusiera para ese puesto, Ben se quedó asombrado.

Volvió a casa para comentarle a Candy, que estaba de nuevo embarazada, la oportunidad que había surgido. De camino, apenas podía creer lo que estaba a punto de contarle a su esposa. Con sólo treinta y tres años de edad, habían pensado en él para ocupar uno de los puestos de más prestigio de la comunidad médica: estar a cargo de la cirugía cerebral de los bebés y los niños.

Al cabo de unas semanas, el consejo de dirección del Johns Hopkins, formado exclusivamente por personas de raza blanca, aceptaba la recomendación del Dr. Long de que Ben fuera el nuevo cirujano jefe de pediatría. Al recibir la noticia sonrió de oreja a oreja, y tuvo que resistir la tentación de llamar inmediatamente al jefe de cirugía del hospital Provident para contarle que no le habían discriminado por el color de su piel.

Durante los siguientes días fue como si estuviese en una nube. A sus treinta y tres años había llegado más lejos que muchos doctores a lo largo de toda su vida profesional. Le resultaba difícil creer que todo aquello fuera real. Había momentos en los que también a otras personas les costaba creerlo. Aunque la plantilla del hospital le conocía bien, los padres de los niños enfermos a veces se sorprendían al encontrarse con él. Era consciente de que parecía más joven de lo que era. Al verlo, la gente pensaba que estaría en la veintena, alguien demasiado joven como para haber terminado los estudios médicos, y mucho menos como para ser neurocirujano.

A veces se sentaba a hablar con padres que parecían confusos. «¿Quién es usted?», le preguntaban, y añadían: «Preferiríamos esperar a que llegase el Dr. Carson, de forma que pudiésemos hablar de estas cosas con él». O le decían: «Joven, ¿podría usted llamar al Dr. Carson? Se supone que deberíamos reunirnos aquí con él». En momentos como aquellos Ben solía reír entre dientes y mostrarles el nombre escrito en su etiqueta identificativa. No le molestaba que la gente pensara que era demasiado joven para ser neurocirujano, por no decir jefe de neurocirugía pediátrica de un prestigioso hospital. Tampoco le importaba que a veces la gente quedase sorprendida por el color de su piel. Independientemente de lo que padres o abuelos pudiesen pensar, él sabía que podía ayudar a sus hijos o nietos; incluso en casos extremadamente difíciles, como el de aquella vivaracha niña de cuatro años, llamada Maranda Francisco.

Capítulo 12

Medio cerebro

Cuando el Dr. John Freeman, jefe del programa de neurología infantil del Johns Hopkins, entró en la habitación y se acercó a él, Ben levantó la vista del gráfico que estaba leyendo y se dispuso a escuchar.

—Hay algo que necesito que veas —dijo el Dr. Freeman dejando una gruesa carpeta de apuntes sobre la mesa de despacho que tenía Ben delante.

Ben echó un vistazo a la etiqueta de la portada: Maranda Francisco.

—¿Qué le ocurre? —preguntó.

—Algo muy delicado. Tiene cuatro años y padece encefalitis de Rasmussen.

—He leído acerca de esa enfermedad, pero nunca he visto un caso —dijo Ben.

El Dr. Freeman asintió.

—Son extremadamente raros, y se caracterizan por la inflamación de un hemisferio del cerebro; en

el caso de Maranda, el izquierdo. Podrás informar-
te de todo en su historial, pero, en resumen, puedo
decirte que nació normal, y tuvo su primera crisis
generalizada con año y medio. Una semana después
empezó a tomar medicamentos contra las convulsiones, con resultados mixtos. Al llegar a los cuatro
años de edad, sus ataques se hicieron más frecuentes. También cambiaron repentinamente, afectando
sólo a la mitad derecha de su cuerpo. No perdía la
conciencia, algo que sí le ocurría cuando era más
pequeña, pero empezó a tardar hasta dos horas en
recuperarse de las convulsiones.

—¿Cómo se encuentra ahora? —preguntó Ben.

—Su situación se deteriora rápidamente —dijo el
Dr. Freeman balanceando preocupado la cabeza—.
Su madre me ha dicho por teléfono que tiene hasta
cien ataques al día. Obviamente, no tiene tiempo de
recuperarse de uno antes de que empiece el siguiente. De hecho, el único momento en que no sufre ataques es cuando está durmiendo. Sus horas de vigi-
lia, y las de su familia, están enteramente ocupadas
por las convulsiones y los intentos de recuperación.
Al parecer, la niña ya ni siquiera come por sí misma,
por miedo a que sufra un ataque al mismo tiempo y
se asfixie. La tienen que alimentar con una sonda.
El pronóstico no es nada bueno. La encefalitis de
Rasmussen conduce progresivamente a la parálisis
permanente de un lado del cuerpo, el retraso mental
y la muerte.

Ben intentó imaginar la vida tan difícil que debía
de estar llevando la familia de Maranda, y pensó en
su propia vida familiar. Por entonces Murray era un
niñito de un año, de ojos vivarachos, que aprendía
a caminar y a pronunciar sus primeras palabras.

Ben odiaba pensar lo difícil que tenía que resultar ver
cómo se deterioraba la salud de tu hijo y no ser capaz de hacer nada al respecto. El Dr. Freeman continuó hablando:

—En realidad, se trata de un diagnóstico aún
muy reciente. Fue el invierno pasado cuando el Dr.
Thomas Reilly, del centro de epilepsia infantil del
hospital pediátrico de Denver, sugirió la posibilidad
de una encefalitis de Rasmussen, y dispuso que Maranda fuese llevada al centro médico de UCLA para
una biopsia cerebral, la cual confirmó el diagnóstico.

—¿Hay algo que pueda hacerse? —preguntó Ben.

—Me temo que no hay mucha esperanza —respondió el Dr. Freeman—. Los médicos de UCLA les
dijeron a los padres que su enfermedad no se podía
operar. Pero, de todas formas, me gustaría que le
echaras un vistazo a su historial clínico. Tengo algo
en mente que podrías intentar, si estás dispuesto.
Podemos discutirlo una vez te hayas familiarizado
con el caso.

—Le echo un vistazo y lo discutimos la semana
que viene —dijo Ben.

Aquella tarde, abrió el historial en su despacho y
empezó a leer acerca de Maranda Francisco. Aunque
nunca había visto a aquella niñita, su corazón estaba con ella y su familia.

A la semana siguiente, el Dr. Freeman volvió al
despacho de Ben.

—¿Has encontrado tiempo para leer el historial de
Maranda? —preguntó Freeman.

—Sí —respondió Ben—. Parece como si el tratamiento más recomendable fuese la medicación, ¿qué
tienes en mente?

El Dr. Freeman hizo una pequeña pausa.

—Existe un procedimiento del que no sé si has oído hablar, que consiste en realizar una hemisferectomía...

—He oído hablar de ello —interrumpió Ben—. Retirar la mitad del cerebro. Es un tratamiento muy controvertido, ¿no es cierto?

—Sí —respondió el Dr. Freeman—. Pero creo que podría salvarle la vida a esta niña.

La mente de Ben era un torbellino. Si el Dr. Freeman pensaba que una hemisferectomía podía funcionar, Ben sería quien realizase la operación, ya que era el jefe de neurocirugía pediátrica. Era una responsabilidad muy grande.

—¿Estás realmente convencido? —preguntó.

—Creo que es muy probable que sea la mejor solución para ella. Antes de que las hemisferectomías cayeran en desgracia, trabajé en el hospital universitario de Stanford. No realicé ninguna yo mismo, pero sé de dos casos en que salieron bien. Como última esperanza —que podría ser el caso de Maranda— creo que es una opción quirúrgica viable. Necesito que investigues el asunto y me des tu opinión.

—De acuerdo —dijo Ben.

Un poco más tarde aquel mismo día, Ben pidió a su ayudante administrativo que le encontrase todas las descripciones y documentos disponibles sobre las hemisferectomías. Se llevó a casa la pila de documentos para estudiarlos y no tardó en descubrir que aquel tipo de operaciones tenía un pasado turbulento. La primera vez que se había efectuado una había sido en 1928, y se había concebido como forma de curar tumores cerebrales malignos, pero no tuvo éxito. Durante las décadas de los años cuarenta y sesenta, las hemisferectomías se habían utilizado para tratar los trastornos convulsivos, pero debido a las complicaciones posoperatorias era un tipo de intervención quirúrgica que había caído en desgracia.

A medida que continuaba leyendo, Ben intentaba imaginarse cómo sería realizar una hemisferectomía en una niña de cuatro años. No estaba seguro de que fuese una buena idea. Existían demasiadas incógnitas. A pesar de ello, Ben y el Dr. Freeman continuaron discutiendo la intervención. Mientras proseguía investigando el tema, estudió cuidadosamente los escáneres TC y el historial clínico de Maranda.

Mientras tanto, realizó otra operación, una que hacía muchos años que no practicaba y que no se había estudiado con antelación. El 27 de mayo de 1985, por la mañana temprano, la voz penetrante de Candy despertó a Ben sacándolo de un sueño profundo.

—¡Ben! ¡Ben! ¡Despierta, tengo contracciones!

—¿Cada cuanto tiempo? —preguntó Ben somnoliento, recordando que la vez anterior Candy había estado ocho horas de labores de parto antes de dar a luz a Murray.

—Cada dos minutos —respondió Candy.

Ben sintió como si hubiera metido los dedos en un enchufe. *¡Dos minutos!* Saltó de la cama.

—¡Vístete! ¡Tenemos que ir al hospital!

El Johns Hopkins, donde estaba programado el parto de Candy, se encontraba a treinta minutos de allí en automóvil. Ben tendría que conducir rápido si quería que llegasen a tiempo.

—Hace tan sólo unos minutos que sentí los primeros dolores —dijo Candy mientras se levantaba para vestirse—. ¡Oh! Se están haciendo más fuertes

—añadió, doblada de dolor—. Creo que el bebé ya viene.

Ben miró a su esposa, que parecía muy tranquila. ¿Iba realmente a dar a luz allí, en su propio dormitorio?

—¿Estás segura? —preguntó conduciendo a Candy de vuelta a la cama.

Candy asintió y empujó con fuerza. Ben se puso rápidamente en «modo doctor». Afortunadamente había asistido a varios partos durante su tiempo de internado en la escuela de medicina. Cinco minutos después, Ben sostenía a en sus manos a un bebé saludable.

—Es otro chico —le dijo a Candy.

—Ha sido rápido —le respondió ella con una sonrisa.

Ben sonrió. Habría preferido que el parto hubiese tenido lugar de otra manera, pero ya era el orgulloso padre de su segundo hijo, al que llamaron Benjamin Solomon Carson Jr. Pronto empezaron a llamar al bebé, sencillamente, B.J.

De vuelta en el hospital, Ben continuó con su estudio de las hemisferectomías y, tras muchas conversaciones con el Dr. Freeman, telefoneó a los padres de Maranda para plantearles la posibilidad. Fue muy claro respecto a los riesgos y complicaciones de la operación, y no les prometió nada. Lo que sí hizo fue invitar a los padres de Maranda a llevar a su hija al Johns Hopkins para realizar más pruebas. Aceptaron encantados y, a la semana siguiente, estaban sentados en el despacho de Ben.

Desde el principio, a Ben le impresionó lo bien informados que estaban los padres de Maranda. Luis Francisco, el padre, regentaba una tienda de comestibles; la madre, Terry, se dedicaba a tiempo

completo al cuidado de su hija. Terry le contó a Ben
lo difícil que les había resultado obtener un diagnóstico certero. Maranda había probado todo tipo de
dietas y medicinas, algunas de las cuales la dejaban
en tal estado que ni siquiera era capaz de contar
hasta cinco, o incluso de reconocer a sus padres.
Terry había hecho todo lo imaginable para encontrar
una cura, incluso comprarse una bata de médico
para entrar de tapadillo en la biblioteca de un hospital, reservada para uso de los facultativos, y así
poder leer más acerca de posibles tratamientos.

Ben comprendió mejor la desesperación de Terry
cuando Luis le contó sosegadamente que Maranda
no era el único hijo que había tenido su mujer. Ya
había perdido uno por muerte súbita.

—El Johns Hopkins es el único hospital que nos
ofrece alguna esperanza. Tiene que ayudarnos. Por
favor, se lo ruego, opérela —le imploró Terry a Ben.

Ben examinó a la bonita niña de cuatro años, de
sedoso cabello marrón, que retorcía el cuerpo sen-
tada en el regazo de su madre. Ben deseaba ayudar,
pero había tantos factores de riesgo que considerar
que estaba indeciso. Lo más problemático era que la
operación dejaría a la niña sin la mitad izquierda de
su cerebro. Maranda era diestra, lo que significaba
que su hemisferio izquierdo era dominante y controlaba el habla, el lenguaje y el movimiento del lado
derecho de su cuerpo. No había forma de saber si el
hemisferio derecho de su cerebro sería capaz de recuperar el control de cualquiera de esas funciones.
Su visión también podría verse afectada.

Aquella noche Ben se puso a orar. Ya se había
leído todo lo que había llegado a sus manos sobre la
intervención quirúrgica, y había hablado con muchos

doctores sobre aquel asunto. Ahora, lo que necesitaba era sabiduría. ¿Sería una hemisferectomía lo mejor para Maranda? Ben se hacía varias preguntas: *¿Qué ocurrirá si no la opero? Maranda morirá. ¿Qué ocurrirá si la opero y se muere? Lo mismo que si no la opero, pero su muerte habrá ayudado a la profesión médica a mejorar las probabilidades de supervivencia del siguiente niño que tenga que ser operado. ¿Qué ocurrirá si vive pero su cerebro queda dañado?* Ben odiaba pensar en esta posibilidad, pero al final se sintió en paz. Decidió que seguiría adelante, con la condición de que Terry y Luis Francisco comprendiesen a la perfección los riesgos y posibles consecuencias para su hija.

La operación de hemisferectomía se programó para el miércoles 7 de agosto de 1985. La noche antes de la intervención, Ben fue a ver a la familia de Francisco en el pabellón infantil. Mientras, a unos pocos pasos, Maranda se entretenía con un juguete de peluche, Ben volvió por última vez a recalcar a los padres los riesgos de la operación.

—Si todo sale bien, la intervención debería durar unas cinco horas. Existe una posibilidad nada despreciable de que Maranda sufra una hemorragia incontrolable en la mesa de operaciones y muera durante la intervención. También podría sobrevivir y quedar paralítica, o perder el habla. No hay forma de saber lo que va a suceder.

—Somos conscientes de ello —dijo Terry mirando de reojo a su hija—. Es un riesgo que tenemos que asumir. Si no lo hacemos, la estaremos condenando a morir. Al menos, usted está dispuesto a darle la oportunidad de que viva. Nos aferraremos a esa posibilidad.

Ben asintió. Solía maravillarle el valor de los padres. Se levantó para marcharse.

—Les veré por la mañana. Intenten dormir bien esta noche si pueden, y les tengo reservada una tarea que hacer. Es algo que encargo a cada paciente y miembro de la familia antes de operar.

—Haremos todo lo que usted diga —respondió Luis Francisco.

—Oren por la operación de mañana, por el equipo y por mí, y por Maranda. Yo oro por todos los pacientes a los que opero, y estoy convencido de su utilidad.

—Sí, sí, lo haremos —dijo Terry.

Dicho eso, Ben dejó el hospital y se marchó a casa. Mientras conducía, repasó una vez más la operación en su mente. Para que tuviese éxito todo el equipo tendría que trabajar unido y en perfecta armonía. Ben se alegraba de tener como ayudante al Dr. Neville Knuckey, un cirujano australiano que disfrutaba de una beca en el Johns Hopkins.

La mañana del 7 de agosto, Ben entró en el quirófano. Maranda ya estaba anestesiada y preparada para la operación. Antes de empezar, Ben elevó una oración silenciosa pidiéndole a Dios que le guiase y le diese sabiduría. Después tomó el bisturí y realizó una incisión a lo largo del cuero cabelludo de la niña. Un ayudante aspiró la sangre con un tubo mientras Ben cauterizaba los pequeños vasos sanguíneos para disminuir el sangrado. Colocaron grapas en los bordes de la incisión para mantenerla abierta, mientras Ben cortaba más profundamente el cuero cabelludo hasta alcanzar el cráneo. Una vez alcanzado, taladró seis agujeros hasta formar un semicírculo; desde la parte frontal de su oreja izquierda, sobre la sien, hasta la parte posterior de la oreja. Después, mediante una sierra quirúrgica especial que funcionaba por aire comprimido, cortó el trozo de cráneo situado entre los agujeros hasta que pudo levantar un trozo del hueso craneal, dejando al descubierto el lado izquierdo del cerebro de Maranda.

Lo primero que notó Ben fue que éste estaba hinchado y era inusualmente duro. Esto haría más difícil su trabajo. Luego hizo que el anestesista inyectase de forma intravenosa un medicamento en Maranda que ayudase a reducir la inflamación, mientras el Dr. Knuckey insertaba un fino catéter a través del cerebro hasta el centro de la cabeza de la niña, con el fin de drenar el exceso de fluidos. A continuación, Ben comenzó el trabajoso esfuerzo de retirar el hemisferio izquierdo del cerebro de Maranda. Ben miraba concentrado por el microscopio quirúrgico mientras sus manos firmes guiaban el movimiento de los pequeños instrumentos quirúrgicos que iban cortando el cerebro, milímetro a milímetro. De vez en cuando, paraba para separar el tejido cerebral de los vasos sanguíneos. Al mismo tiempo debía tener mucho cuidado de no dañar ninguna de las frágiles partes del cerebro que no iba a retirar. Un corte equivocado, un movimiento desafortunado, podían matar a la niña o dejarle con un daño cerebral permanente.

La operación resultaba muy difícil, y se complicó todavía más por el sangrado del cerebro de Maranda. Como el hemisferio izquierdo de su cerebro estaba tan inflamado, no había un lugar donde Ben pusiese sus instrumentos quirúrgicos que no empezase a sangrar de inmediato, y la sangre debía ser cuidadosamente drenada mediante una sonda de succión antes de poder continuar. Como Maranda perdía tanta sangre, Ben tuvo que detener el procedimiento y pedir más con el fin de hacer una transfusión.

A medida que avanzaba la operación, se dio cuenta de que iba a llevarle mucho más que las cinco horas que había previsto. Era una de las intervenciones quirúrgicas más difíciles que había realizado jamás, y le exigió toda su concentración.

Ben perseveró, y tras diez horas de trabajo consiguió terminar. El hemisferio izquierdo del cerebro de Maranda Francisco había sido separado y retirado de su cabeza. La tapa de hueso craneal había sido puesta de nuevo en su sitio y cosida con fuertes suturas, y la incisión en el cuero cabelludo de la niña estaba suturada.

Aunque Ben se encontraba satisfecho con la forma en que habían ido las cosas, también se preguntaba qué sucedería a continuación. ¿Acabaría realmente la hemisferectomía con las convulsiones de Maranda, o todo aquel trabajo habría sido en vano? Incluso si acababa con ellas, ¿volvería Maranda a caminar, o a hablar? Mientras se hacía a un lado para que el anestesista desenganchase y desconectase los diferentes instrumentos que habían estado registrando los signos vitales de Maranda a lo largo de la operación, sabía que sólo el tiempo podría decir si la operación había tenido éxito o no.

Ben dio un suspiro de alivio cuando le retiraron la ventilación mecánica a Maranda y esta siguió respirando por sí sola, y se quedó observando cuidadosamente la presencia de cualquier movimiento voluntario que su joven paciente pudiera hacer. Maranda se movió un poquito al despertar en la sala de operaciones, pero no respondió cuando una enfermera la llamó por su nombre. Sus ojos permanecieron cerrados.

Cuando la sacaron en camilla de la sala de operaciones, Ben la siguió hasta la unidad de cuidados intensivos pediátrica. Los padres de Maranda corrieron hacia la camilla, y nada más inclinarse Terry y besar a su hija, ésta abrió los ojos y dijo:

—Mami, papi, les quiero.

Ante el sonido de sus palabras, los ojos de ambos se llenaron de lágrimas.

Ben contempló la escena sorprendido y emocionado. Ni en sueños habría podido imaginar que Maranda pudiera estar tan consciente y de forma tan rápida después de una operación de tanta importancia. Le había retirado la parte izquierda del cerebro, la parte dominante que controla el habla y, sin embargo, Maranda hablaba, escuchaba, procesaba la información y respondía. Ben vio a la niña estirar la pierna derecha y mover el brazo derecho, que hasta entonces habían estado bajo el control de la mitad izquierda del cerebro, que acababa de retirar.

Las noticias de la operación y de la extraordinaria recuperación de Maranda se extendieron por todo el hospital en lo que parecieron segundos. Antes incluso de que la niña llegara a la UCI pediátrica, el personal del hospital corría por los pasillos para verla con sus propios ojos.

El éxito de la hemisferectomía cambió la vida de Maranda y de la familia Francisco. A Ben no se le había ocurrido que también cambiaría la suya.

Capítulo 13

Iluminar el camino

Al día siguiente empezó a sonar el teléfono de Ben y, un día después, aún seguía sonando. Parecía como si el mundo entero quisiera saberlo todo acerca del éxito de la cirugía cerebral que Ben había realizado en Maranda Francisco. Don Colburn, un galardonado columnista del *Washington Post*, entrevistó a Ben, y también a Terry y a Luis Francisco. En base a estas entrevistas, escribió un largo artículo que describía la innovadora intervención quirúrgica y la reacción de la familia Francisco ante ella. El *Evening Magazine*, un conocido programa de televisión, dedicó un reportaje a la hemisferectomía como un nuevo y prometedor tipo de intervención quirúrgica. Poco después, la propia Maranda se encontró lo suficientemente bien como para aparecer en el *Phil Donahue Show*.

Ben no tardó mucho en descubrir cuánta gente en Estados Unidos había oído hablar de él y de la operación que había realizado. Comenzó a recibir un montón de llamadas telefónicas y cartas de padres de todo el país, a los que se les había asegurado que no existía esperanza para sus hijos, y que morirían por causa de algún problema cerebral. Aquella gente deseaba saber si existía la más remota posibilidad de que Ben y su equipo pudieran hacer algo para ayudar a sus seres queridos.

Una de esas personas fue Brian Usher, padre de una niña de seis años llamada Beth. Brian era el segundo entrenador del equipo de fútbol americano de la universidad de Connecticut. Él y su mujer habían movido cielo y tierra para intentar descubrir cuál era el problema que afectaba a su hija. Kathy, la madre de Beth, leyó un día un artículo sobre Ben y Maranda, y se apresuró a llamar al Johns Hopkins.

Ben y el Dr. Freeman se entrevistaron con la familia. Hicieron una serie de análisis y sus peores temores se vieron confirmados: Beth tenía encefalitis de Rasmussen, igual que Maranda Francisco. Al principio sus padres se negaron a creer que las perspectivas de su vivaracha hija pudieran ser tan funestas. Tenían la sensación de que los ataques de Beth eran cada vez menos frecuentes, reduciéndose al final a sólo unos diez a la semana, y esperaban que fuese capaz de superarlos. Ben sabía que no sería así, pero no podía imponerse al optimismo de los padres. Durante los meses siguientes, Ben siguió orando por Beth y su familia, a la espera de que comprendiesen lo grave que era la situación de su hija.

Mientras tanto, llegaron al hospital otros casos complicados para su examen. Uno de los más difíciles fue el de una niña de trece años llamada Denise Baca, que había sido una estudiante de notas

inmejorables y una de las animadoras del equipo de
su colegio en Nuevo México. Antes de encontrarse
con ella, Ben ya había leído su historial médico. Se
encontraba en muy mal estado. Le sobrevenían ataques de forma tan seguida que llegaban a interfe-
rir con su capacidad para respirar. Los médicos la
habían puesto en una máquina que controlaba su
respiración y le habían realizado una traqueotomía,
insertándole un tubo directamente por el cuello. Se
encontraba en tan mal estado que tenía medio cuerpo paralizado y se había pasado dos meses sin hablar antes de caer en coma. Los médicos de Nuevo
México le habían dicho a los Baca que no había nada
que ellos pudieran hacer, pero un amigo de la familia había encontrado un artículo sobre Ben y había
animado a los padres a llamar al Johns Hopkins.

Ben pensaba que quizá el equipo del hospital
fuese capaz de ayudar a Denise, pero no estaba seguro. Tenía que evaluarla en persona. Esto era difícil, porque Denise tenía que ser transportada en
un helicóptero de atención médica hasta Baltimore,
y luego ser trasladada al hospital en ambulancia.
Cuando finalmente llegó Denise, Ben se preparó
para la controversia. Ya había hablado con varios
cirujanos importantes del hospital sobre la posibilidad de realizar una hemisferectomía a Denise. Uno
en particular, pensaba que constituía una irrespon-
sabilidad por parte de Ben considerar siquiera una
medida tan drástica, subrayando tres razones por
las que pensaba que aquello era una locura. En primer lugar, Denise tenía trece años, una edad a la
que se la consideraba como demasiado mayor para
que una mitad de su cerebro asumiese las funciones de la otra mitad, si esta se retiraba. En segundo

lugar, Denise estaba muy enferma; sus pulmones fallaban, y era posible que no pudiese sobrevivir a una operación tan larga y complicada. Y, en tercer lugar, las convulsiones eran provocadas en zonas de su cerebro que hacían la operación arriesgada.

Ben y los miembros de su departamento mantuvieron varias reuniones acerca de Denise, de forma que todo el mundo pudiese compartir sus preocupaciones, pero el equipo médico permaneció dividido entre los que, como Ben y el Dr. Freeman, pensaban que la hemisferectomía era lo mejor para Denise, siendo, de hecho, su única esperanza de sobrevivir, y los que, en cambio, opinaban que seguramente moriría en la mesa de operaciones, con lo que se transmitiría la imagen de que el personal del Johns Hopkins estaba más preocupado por realizar experimentos arriesgados en niños muy enfermos que por cuidar de la salud de sus pacientes.

Este conflicto puso a Ben bajo una gran presión, y más aún cuando uno de los médicos que se oponían escribió una carta al presidente del hospital para advertirle en contra de la operación que Ben planeaba realizar. A pesar de todo, seguía sintiendo que la intervención constituía la única posibilidad de salvar la vida de Denise, y que ella se merecía tener esa oportunidad. Los padres de Denise accedieron a ella, y esperaron pacientemente a que Ben y su equipo fijaran una fecha para la operación. Finalmente, Ben sintió que ya no podían demorarla más. Denise estaba cada día más débil. El médico que había mostrado más rechazo a la operación se encontraba en el extranjero para asistir a una conferencia médica de cinco días de duración. En su ausencia, Ben realizó la hemisferectomía.

Denise permaneció en coma varios días. Todo el mundo esperó ansioso para ver si salía del coma y, en caso de que despertase, qué tipo de incapacidad permanente tendría. Gracias a Dios, Denise salió del coma, y cuando lo hizo estaba curada de sus ataques. Lentamente, aprendió de nuevo a hablar y, al cabo de unos meses, regresó al colegio con normalidad. Ben estaba contento de que las cosas hubieran salido bien y de que el éxito de su operación hubiera silenciado a los críticos. Cuando otros cirujanos experimentados le tildaban a uno de loco, suponía todo un reto mantenerse firme y seguir creyendo en la posibilidad de ayudar a un paciente.

Poco después de la exitosa cirugía en Denise, Beth Usher y sus padres volvieron para entrevistarse con Ben. A éste no le gustó nada lo que vio. El habla de Beth se había hecho lenta y difícil de entender, y estaba perdiendo el control sobre sus músculos. Una vez más, Ben intentó convencer a los Usher de que le permitieran operar a su hija, pero estos no estaban dispuestos a permitir que nadie le extirpara la mitad del cerebro a Beth. Lo único que pudo hacer Ben fue conformarse y seguir esperando acontecimientos.

Mientras tanto, Ben fue padre por tercera vez. Justo antes de las navidades, el 21 de diciembre de 1986, Candy dio a luz —esta vez en el hospital— a otro hijo al que llamaron Rhoeyce. Murray acababa de cumplir tres años y B.J. tenía uno y medio, lo que significaba que Candy estaba muy ocupada. Afortunadamente, la madre de Ben se encontraba en un buen momento para ayudarlos: accedió a mudarse con ellos y así poder echar una mano con los tres niños. A Ben le encantaba tenerla viviendo con ellos, especialmente cuando la oía por casualidad dando a sus hijos los mismos consejos que les había dado a él y a Curtis cuando eran jóvenes.

Pasadas las navidades, los Usher fueron una vez más a ver a Ben. Al fin se encontraban preparados para permitir cualquier cosa que él considerase necesario para salvar la vida de su hija. Ben programó de inmediato una hemisferectomía, y quedó muy satisfecho de la forma en que transcurrió la operación, ya que no surgió ninguna complicación durante todo el proceso de separar y retirar la mitad del cerebro de Beth. No obstante, la niña no se despertó tras la intervención. Ben se quedó un poco preocupado y ordenó que le hicieran una TC para ver si se le había pasado algo por alto. El escáner mostró que el tronco cerebral de Beth estaba inflamado, pero Ben ya se esperaba eso. Era normal, dada la cirugía tan radical que la niña acababa de experimentar.

—Una vez que la inflamación de su tronco cerebral disminuya, se pondrá mejor —aseguró Ben a Brian y Kathy Usher después de la operación. Ben no estaba seguro de que los padres le hubiesen creído.

Los Usher permanecieron junto a la cama de su hija, en la unidad pediátrica de cuidados intensivos, y esperaron. Pero el estado de Beth continuó sin cambios, seguía en coma y con su pecho bajando y subiendo al ritmo del respirador artificial.

A Ben le daba mucha lástima observar a los Usher. Lo único que querían era que su hija se despertara, algo que él también anhelaba más que nada. Estaba convencido de que eso era precisamente lo que ocurriría cuando su cerebro hubiera tenido tiempo suficiente para recuperarse, y le comentó la situación de la niña al Dr. Freeman, que estuvo de acuerdo con su diagnóstico.

A pesar de su optimismo, los días seguían pasando y Beth permanecía igual. Ben iba a verla todos los días, y consultaba su gráfica para ver si se apreciaba algún cambio. Cada nuevo día le resultaba más difícil encontrarse con los Usher y asegurarles que al final su hija se recuperaría. Sus miradas de desesperación y tristeza le decían bien a las claras que, en realidad, no confiaban en él. Lo cierto es que el propio Ben empezó a albergar dudas. Sin embargo, la dirección del hospital continuó dándole su apoyo; le animaban y le decían que al final todo saldría bien con la niña. Él apreciaba todo este ánimo, pero la situación de Beth le pesaba enormemente en su interior.

Con el tiempo, la condición física de Beth mejoró lo suficiente como para que le quitaran la respiración artificial y pudiese hacerlo por sí misma, sin embargo, permaneció en coma. Una vez desconectado el respirador, la trasladaron a un pabellón de cuidados pediátricos.

Los padres de Beth pasaban con su hija todo el tiempo que les era posible. Con frecuencia se turnaban para dormir sobre un catre en la misma habitación donde ella estaba. Una noche en la que Brian se encontraba allí durmiendo, hacía las dos de la madrugada, escuchó de repente una voz que venía de la cama de al lado:

—Papi, me pica la nariz.

—¿Qué? —preguntó mientras se levantaba del catre.

—Que me pica la nariz, papi —fue la respuesta.

Las enfermeras de servicio le explicaron más tarde a Ben lo que había ocurrido a continuación. Brian estaba tan emocionado que salió corriendo del cuarto y recorrió el pasillo gritando: «¡Beth ha hablado! ¡Beth ha hablado!». Estaba tan nervioso que olvidó que iba en calzoncillos. «¡Dice que le pica la nariz!», exclamó emocionadísimo cuando llegó a la sala de las enfermeras.

Estas, acompañadas del médico de guardia, fueron a toda velocidad a la habitación de Beth y se la encontraron tumbada en la cama, con los ojos abiertos y una sonrisa en el rostro. Cuando entraron en su cuarto les dijo:

—La nariz me pica de verdad, ¡un montón!

Al recibir las noticias, Ben quedó encantado y aliviado. Beth finalmente se había despertado del coma, justo como él había pensado que sucedería, también en aquellos momentos en los que incluso él llegó a albergar dudas. Conforme pasaron los días Beth empezó a experimentar una notable mejoría, y Ben vio como volvía a ser la pequeña niña llena de vida que había sido en su primera visita, antes de que el avance de la encefalitis de Rasmussen dejase su cerebro en condiciones lamentables.

Seis meses después, Ben organizó una reunión especial. En lugar de hacer que los «pacientes hemi», como él los apodaba, volviesen de uno en uno para sus cuatro días de pruebas y evaluación permanente, decidió hacerlos volver a todos una vez al año para una reunión de celebración. De esa forma, los niños que habían pasado por una hemisferectomía podrían conocerse mutuamente, mientras sus padres tenían la oportunidad de compartir sus experiencias.

El último sábado de agosto de 1987, Ben y su equipo dieron la bienvenida a ocho jóvenes pacientes de hemisferectomía y sus familias a un picnic en los jardines de la universidad Johns Hopkins. Beth Usher estaba allí con sus padres, quienes al ver a Ben se acercaron a hablar con él:

—Aún seguimos preguntándonos —le confió Kathy— cómo es posible retirarle a alguien la mitad del cerebro y que siga teniendo una personalidad completa. Pero usted lo ha conseguido, Beth es la prueba. Es exactamente igual de divertida y vivaracha que antes de la operación.

Ben sonrió satisfecho al ver a Denise Baca, ya con catorce años, acomodarse junto a él. Tenía el mismo aspecto que cualquier otra chica adolescente de su edad, con sus pendientes de estrellas y su esmalte de uñas rojo brillante.

—Cada día camino mejor —le dijo a Ben—. Pronto podré dejar esta silla de ruedas.

—No me cabe duda —dijo Ben mesándose la barba, y de verdad creía en lo que decía.

Las pruebas de tan sorprendentes recuperaciones le rodeaban por todos lados. Sin embargo, Ben también sabía que retirar la mitad de cerebro tenía que estar asociado a alguna pérdida permanente de funciones neurológicas. Los pacientes «hemi» tendrían que permanecer sin visión en la mitad de cada ojo, ya que la visión era algo que no podía transferirse de un hemisferio a otro. También experimentarían cierto grado de debilidad o parálisis en el lado del cuerpo opuesto al del hemisferio cerebral que se les hubiese retirado; y alguna pérdida de habilidad motora en los dedos para tareas de precisión, que les haría difícil poder agarrar objetos pequeños con una de sus manos. La terapia de rehabilitación podía ayudar a disminuir algunos de estos efectos colaterales. Ben aconsejó a sus jóvenes pacientes

«hemi» que no jugaran al fútbol americano sin cas-
co, se tirasen de cabeza a una piscina o al océano, o
realizasen otras actividades de contacto, como el ka-
rate o el boxeo. A parte de estas cosas, debían continuar con sus vidas relativamente normales y sin las
convulsiones que les habían llevado a la mesa del
quirófano.

Cuando el último de los niños se marchó del picnic, Ben permaneció allí por unos momentos medi-
tando en uno de sus pacientes más pequeños. Jennifer tenía solamente cinco meses la primera vez que
la había operado, retirándole la parte trasera del lado
derecho de su cerebro. Todo había ido bien al principio, pero después los ataques comenzaron de nuevo.
Ben había llegado a la conclusión de que la mejor opción era realizar una hemisferectomía total y retirar
el resto del lado derecho del cerebro. Jennifer tenía
once meses cuando la volvió a operar, hacía tan sólo
un mes de ello. La segunda operación fue bien, pero
mientras conducía de vuelta a casa su buscaperso-
nas empezó a sonar sin parar. La niña había parado
de respirar y Ben se apresuró a volver al hospital para
unirse al equipo que trataba de resucitarla. Una hora
y media después, tuvieron que desistir, y su paciente
fue declarada clínicamente muerta.

Ben sabía que nunca podría olvidar el momento
en el que tuvo que dar a los padres de Jennifer la
triste noticia. Sólo pudo decir «lo siento», antes de
empezar a llorar. Era algo que nunca antes había
hecho delante de la familia de un paciente, pero no
pudo evitarlo. La familia había estado en una es-
pecie de montaña rusa emocional. Al principio las
cosas parecían ir muy bien, y luego repentinamente
todo había acabado, su hija estaba muerta.

Justo el día antes del picnic, Ben había vuelto a examinar la investigación sobre la muerte de Jennifer. La autopsia no ofrecía pistas, y la causa del fallecimiento se declaró como «indeterminada». La muerte de Jennifer tendría que seguir siendo un misterio, uno que dejaría un vacío en el corazón de Ben, quien se preguntaba si conseguiría recobrarse alguna vez por completo de la muerte de aquella niña. *Ella debería haber estado aquí hoy*, se dijo a sí mismo mientras caminaba hacia su automóvil.

Más tarde, aquella misma noche, Ben se arrodilló junto a su cama y oró. Decidió concentrarse en el maravilloso evento que había testificado aquel día. Ocho niños, que habrían estado muertos o muriéndose sin su intervención, habían jugado y comido pollo frito juntos en los jardines de la universidad, mientras los padres intercambiaban comentarios sobre el progreso de sus hijos. Era la primera vez en la historia que un evento como aquel tenía lugar, y Ben dio gracias a Dios por haber tenido la oportunidad de formar parte de él. Se sentía agradecido de haber sido escogido para desarrollar su carrera en un hospital universitario como el Johns Hopkins. Ahora que había completado ocho operaciones exitosas de hemisferectomía, muchos otros hospitales de Estados Unidos y de otros lugares del mundo desarrollarían sus propios equipos para realizar la operación. Ben y su equipo habían iluminado un camino que otros neurocirujanos habrían de seguir.

Se puso de rodillas y oró por otros dos bebés, dos gemelos alemanes llamados Patrick y Benjamin Binder. Tan sólo tres meses antes, Ben y un equipo de doctores habían volado a la Alemania Occidental para visitar a los niños y valorar la posibilidad de ayudarlos. Se encontraban a punto de entrar en un territorio médico inexplorado. Ben intentaría algo que no se había hecho nunca hasta entonces: una intervención que le llevaría a convertirse en el centro de atención del mundo entero.

Capítulo 14

El hacedor de milagros

Ben miró a los dos pequeños gemelos rubios que habían viajado desde Alemania a Estados Unidos con sus padres. Patrick dormía pacíficamente, mientras que Benjamín lloriqueaba y se metía el pulgar en la boca. La única característica inusual de los bebés es que ambos estaban unidos por la cabeza. La madre, Theresa Binder, intentó esbozar una sonrisa:

—¿Cree realmente que hay esperanza para mis bebés? —preguntó.

Ben asintió.

—Es un milagro que hayan vivido tanto tiempo. El cuarenta por ciento de los siameses unidos por el cráneo nacen muertos, y otro treinta y tres por ciento muere al poco de nacer. Es maravilloso que sus chicos hayan podido salir adelante. He leído en la gráfica que ahora pesan trece kilos, seis kilos y medio cada uno. Es un buen peso para unos gemelos de siete meses. Ha cuidado muy bien de ellos.

Theresa se secó una lágrima de las mejillas y dijo quedamente:

—Al principio me quedé horrorizada. Me encontraba embarazada de ocho meses cuando me dijeron que los niños estaban unidos. No conseguía quitarme de la cabeza que serían como fenómenos de circo —hizo una pequeña pausa y añadió—, pero tras su nacimiento, una vez que los vi, mi corazón se derritió, y decidí hacer todo lo que pudiera para darles la mejor vida posible. Los médicos me dijeron que si no les separaban tendrían que permanecer el resto de sus vidas en la cama, recostados sobre un lado, y yo no quería eso. Los médicos alemanes me aseguraron que podían operarlos y salvar a uno de ellos, pero yo tenía que escoger cuál de ellos moriría, para poder dar al otro una oportunidad de sobrevivir. No puedo hacer algo así. No es una pregunta que una madre pueda responder. Oré, y soñé con encontrar a alguien que estuviese dispuesto a intentar salvarlos a ambos. Pero no había nadie en Alemania que aceptase la responsabilidad de intentar separarlos, en realidad no había nadie en todo el mundo, hasta que le encontramos a usted.

Ben sonrió y dijo:

—A mí y a todo el equipo del Johns Hopkins. En la operación intervendrán unas setenta personas, incluidos siete anestesistas pediátricos, cinco neurocirujanos, dos cardiocirujanos, cinco cirujanos plásticos y docenas de enfermeras y técnicos.

Hizo una pausa y se inclinó para examinar la parte posterior de la cabeza de los gemelos. Allí donde se unían ambas cabezas, crecía una gran bolsa de piel. Debajo de ella había un balón de silicona que se había insertado meses antes en Alemania, con el fin de estirar la piel. Este estiramiento proporcionaría piel «extra» para cubrir el cuero cabelludo de cada uno de los gemelos, una vez los hubiesen separado.

Ben observó a Benjamin, cuyos grandes ojos azules le miraban fijamente.

—Supongo que es usted consciente de que uno de los bebés, o quizá incluso ambos, puede morir en la mesa de operaciones —dijo con calma.

—Lo soy —respondió Theresa—. Pero también hay una probabilidad razonable de que sobrevivan, ¿no es así?

—Es difícil afirmarlo. Los gemelos no comparten ningún órgano vital, y eso es bueno. Pero sí comparten el cráneo, parte de la piel y el seno sagital superior, un importantísimo canal venoso que drena la sangre del cerebro y la devuelve al corazón. No estamos seguros de en qué medida comparten los bebés el centro cerebral de la visión. Uno o ambos podrían quedarse ciegos. No hay forma de saberlo.

—Entiendo —dijo Theresa—. Cuando nacieron tuve un sueño que me ha permitido continuar adelante. Soñé que, de algún modo, conseguiría encontrar los médicos que pudiesen obrar un milagro. Creo que ese milagro ocurrirá aquí, en el Johns Hopkins.

—Espero que sí —dijo Ben acariciando la manita de Patrick—. Tenemos que orar para que las cosas vayan bien mañana.

—Estaremos orando —respondió Theresa.

Aquella noche, Ben repasó en su mente las diferentes partes de la operación, tal y como había estado haciendo durante los pasados cinco meses. La operación para separar a los hermanos siameses sería la más arriesgada y exigente que hubiese realizado jamás. Para que ambos tuvieran la oportunidad de sobrevivir, todo tendría que ir exactamente conforme a lo planeado.

Con aquello en mente, el equipo formado para realizar la complicada operación había pasado por cinco meses de estudio intensivo, entrenamiento y preparación. Cada paso de la intervención había sido planeado al detalle, y se había tenido en cuenta cada posible contingencia. La sala de operaciones donde tendría lugar la separación se había recableado con un sistema eléctrico de emergencia, por si fallaba el suministro eléctrico. También se la había dotado con un duplicado de cada elemento del equipamiento médico necesario: monitores de anestesia, máquinas de circulación cardiopulmonar extracorpórea y mesas de operaciones vinculadas, situadas lado a lado para los gemelos. Una vez realizada la última incisión y con los niños definitivamente separados, podrían apartarse las mesas de forma que cada equipo de cirujanos pudiese trabajar en uno de los gemelos por separado.

En aquel momento todo se encontraba ya preparado, y el equipo había realizado cinco ensayos de la intervención de tres horas cada uno, utilizando muñecos de tamaño natural unidos por la cabeza mediante velcro. Tras practicar esas cinco veces, habían discutido la forma de realizar la operación y la habían refinado hasta redactar un guión de diez páginas que describía en gran detalle cada paso que debía darse, desde la anestesia hasta el procedimiento mediante el cual los cirujanos plásticos tomarían el tejido craneal retirado a los gemelos, lo triturarían y se lo aplicarían a una malla de titanio que sería utilizada como parche craneal sustitutivo en las cabezas de los bebés tras la separación. Hasta

donde sabía Ben, el equipo estaba lo mejor preparado posible.

El método de la detención hipotérmica inducida
no se había usado nunca antes en neurocirugía, aunque sí en cirugía cardiaca pediátrica. Consistía en
conectar a cada hermano a una máquina de bypass
cardiopulmonar que, lentamente, bombearía y en-
friaría la sangre para que pasase de 35 a 20 grados
centígrados. Esto produciría la práctica detención de
las funciones metabólicas de los bebés, permitiendo parar sus corazones durante casi una hora sin
ocasionar daño cerebral. La ausencia de circulación
sanguínea daría a Ben y al equipo el tiempo necesario para separar el seno sagital superior común a
ambos cerebros, y construir un seno separado para
cada hermano. Esta forma de operar tenía sus riesgos, pero Ben la había repasado muchas veces en su
mente y no podía ver ninguna razón por la que un
procedimiento que funcionaba en las operaciones
cardiacas no lo hiciese también en una operación
de cerebro. Sin embargo, había algo que no dejaba
de preocuparle: si la solución era tan simple, ¿por
qué nadie la había intentado antes? No obstante, se
recordó a sí mismo que eso era exactamente lo que
había pensado cuando estaba en la facultad de medicina, y había inventado una forma de utilizar una
máquina de rayos X y dos anillos de metal, estraté-
gicamente colocados, para localizar con exactitud el
foramen oval en la base del cráneo.

La mañana del sábado 5 de septiembre de 1987,
Ben se levantó temprano. Era el fin de semana que se
celebraba el Día del trabajo, una festividad durante
la cual muchos estadounidenses aprovechaban para
disfrutar con sus familias de una barbacoa de verano

o un día en la playa. Debido a ello, el hospital estaba más tranquilo de lo habitual, y no había programada ninguna intervención quirúrgica, a excepción de la separación de los gemelos siameses Binder.

Ben, al igual que cada mañana, hizo una lectura bíblica y oró. Era muy consciente de que las próximas veinticuatro horas serían las más exigentes de su vida. Llegó al Johns Hopkins a las seis de la mañana, y a las siete y cuarto estaba ya preparado para operar. Si todo iba bien, esperaba abandonar el quirófano a las cinco y cuarto de la mañana del día siguiente, veintidós horas después. La sala de operaciones bullía de actividad. El personal médico trabajaba atareado en las tareas que cada uno tenía asignadas: comprobar gráficas, asegurarse de que todos los instrumentos quirúrgicos estaban preparados y verificar que los gemelos Binder estaban correctamente colocados en la mesa de operaciones. Theresa y Josef Binder permanecerían en su habitación de hotel, esperando las llamadas telefónicas que, cada hora, irían manteniéndoles informados del estado de sus hijos a lo largo de la operación.

Ben permaneció al margen mientras los anestesistas dormían a los gemelos. A continuación, dos cirujanos pasaron al frente para insertar catéteres del grosor de un cabello humano en las arterias y venas de los bebés, de forma que pudiera monitorizarse su circulación. Después se le retiró a cada bebé un segmento del pericardio, la membrana que envuelve el corazón. Estos se usarían para reconstruir un nuevo conducto sagital en la cabeza de los pequeños cuando se llegara a esa etapa de la intervención.

Una vez que los cirujanos plásticos retiraron de la piel de la cabeza de los gemelos los balones de estiramiento y retiraron doblando para atrás el cuero cabelludo, Ben tomó el mando de la operación. Junto con el Dr. Long, empezó a retirar el tejido óseo que mantenía ambos cráneos unidos. Más tarde, los cirujanos plásticos lo usarían para construir un parche para cada cráneo.

Cada paso del procedimiento se efectuó con cuidado y de forma meticulosa, y conforme avanzaba la operación las horas empezaron a correr. Algún tiempo después, llegó el momento de abrir la duramadre que cubría los cerebros de los niños, procedimiento que exigía tiempo y precisión. Finalmente, los cerebros quedaron al descubierto, junto con una arteria grande y anormal que discurría entre ambos, y que tendría que ser dividida. Ben procedió lentamente a separar los distintos vasos sanguíneos, hasta que sólo quedó el gran seno venoso. Cuando lo separase, los siameses Binder ya no podrían volver a estar unidos.

Ben localizó la parte inferior del seno sagital superior justo debajo de la tórcula, en la parte posterior de la cabeza, donde confluyen todos los senos cerebrales. La tórcula solía ser del tamaño de una moneda de cuarto de dólar, pero no tardó en descubrir que, en este caso, ocupaba la mayor parte de la zona posterior de la cabeza de los bebés, creando un enorme lago de sangre a mucha presión. Dada esta anormalidad inesperada, supo que el equipo tendría que desviarse del plan que tan cuidadosamente habían diseñado.

—Necesitamos inducir la detención hipotérmica *ya* —dijo con calma.

—Procedimiento de detención hipotérmica iniciado a las once horas y diez minutos de la noche —escuchó decir a otro doctor.

Ben respiró profundamente. A pesar de que ya llevaba en el quirófano dieciséis horas, amaba su trabajo, así como al equipo médico que le rodeaba. Aunque habían definido los pasos a seguir y planeado la operación con detalle entre todos, sabía que, ante una situación imprevista como aquella, su equipo se adaptaría sin problemas. También le tranquilizaba saber que, si en un momento dado tenía que tomar una decisión a vida o muerte, todos los que le rodeaban le apoyarían sin reservas.

Ben vio como el indicador que registraba la temperatura de los bebés iba descendiendo lentamente de 35 grados centígrados a 30, después a 25 y, por fin, a 20 grados. Veinte minutos después de iniciarse el procedimiento de detención hipotérmica, los corazones de los bebés apenas latían y sus cuerpos estaban fríos como cadáveres.

Cuando sus corazones se detuvieron por completo, Ben supo que tenía una hora para trabajar antes de que los corazones necesitasen empezar a latir de nuevo y la temperatura de sus cuerpos comenzara a aumentar. De no ser así, los gemelos podrían sufrir daños en el cerebro debido a la falta de oxígeno. Ben tomó un bisturí y empezó a separar las venas de la tórcula. Había planeado que esto le llevaría cinco minutos, pero debido a su tamaño anormal le llevó veinte completar la tarea. Finalmente, lo único que quedó por separar era la fina vena sagital azul de la parte posterior de la cabeza de los bebés. Ben separó hábilmente este último vaso sanguíneo. ¡Los gemelos Binder habían sido separados!

Se echó hacia atrás para que dos enfermeras quitasen el seguro que unía las mesas de operaciones y las separasen con cuidado. Ahora había dos mesas con un gemelo en cada una. Fue un momento muy emocionante para Ben, aunque tuvo que concentrarse de nuevo a toda prisa. Quedaba todavía mucho que hacer antes de que transcurriese la hora y la sangre comenzase a circular nuevamente por el cuerpo de los bebés.

Ben le hizo una seña con la cabeza al Dr. Long. Ambos eran ahora responsables cada uno de un bebé, y el reloj no paraba de correr. Sólo tenían cuarenta minutos para construir un nuevo seno sagital superior para cada gemelo.

Ben echó un vistazo al cronómetro de la pared. Después se giró hacia su ayudante y le dijo:

—Por favor, no me diga cuánto tiempo queda. Iré lo más rápido que pueda. Cuando llegue la hora eleve la temperatura corporal. No podemos arriesgarnos a que se produzca daño cerebral —el ayudante asintió.

Tras respirar profundamente, Ben se puso a trabajar. Sabía que si no terminaba la operación a tiempo, el bebé que estaba operando se desangraría hasta morir en menos de un minuto, ya que la sangre que fluía por esa parte del cerebro estaba sometida a mucha presión.

El tiempo pasó rápidamente. La tensión en el quirófano empezó a aumentar, Ben podía sentirla. Sabía que todo el mundo estaba pensando lo mismo: ¿podrían él y el Dr. Long terminar a tiempo? Desde luego, no tenía un segundo para entretenerse pensando en ello, así que centró toda su atención en la labor que tenía por delante.

Dado el escaso margen que tenían ambos doctores, los cirujanos cardiovasculares comenzaron a cortar segmentos del pericardio, del diámetro y forma adecuados, para que Ben y el Dr. Long pudieran coserlos en su sitio. Ben agradeció esta ayuda y le dejo impresionado la capacidad de estos cirujanos para prever el tamaño de los segmentos de pericardio que iba a necesitar.

En un momento dado Ben vio de reojo al Dr. Long retirarse de la mesa de operaciones. Había terminado con su gemelo. Un minuto o dos después, Ben también terminó y se retiró. La sala permaneció en silencio durante un segundo. Entonces la enfermera dijo:

—Ha llegado el momento. Comiencen a subir la temperatura sanguínea.

Ben había terminado de construir un nuevo seno sagital superior justo a tiempo. Pero sus problemas no habían terminado todavía. Una vez que la sangre de los gemelos se hubiese calentado y sus corazones volviesen a latir, estos bombearían sangre hacia sus cerebros. En ese momento, Ben podría ver cuántas pequeñas venas cerebrales dañadas por la operación empezaban a sangrar.

Al cabo de pocos minutos comenzó el sangrado, y fue muy abundante. Ben volvió a respirar profundamente. Mientras un ayudante succionaba la sangre, él hacía todo lo que podía por detener las hemorragias. La tarea se complicaba aún más debido el medicamento anticoagulante que le había sido administrado previamente a los bebés, con el fin de diluir la sangre y utilizar la máquina de circulación extracorpórea. Ben se preguntó si la combinación de anticoagulante y sangrado cerebral no acabaría matando a los pequeños. No obstante, continuó trabajando.

Una hora después, los gemelos habían necesitado ya cuarenta unidades de sangre entre los dos, bastante más de lo que Ben había calculado que necesitarían.

—Pronto nos quedaremos sin sangre —dijo su ayudante—. Hemos utilizado todas las unidades disponibles en el hospital. Estamos llamando a otros hospitales para ver lo que tienen a mano.

Ben asintió. ¿Cómo podían los niños haber sangrado tanto y todavía estar vivos? Varios minutos después, su ayudante se dirigió a él de nuevo:

—Buenas noticias. La Cruz Roja estadounidense tiene diez unidades. Es todo lo que podemos conseguir. ¿Cree usted que será suficiente?

—Espero que sí —dijo Ben—. Jamás he visto algo parecido.

Mientras los médicos seguían trabajando, los traumatizados cerebros de los gemelos comenzaron a inflamarse. Esto ayudó a Ben, ya que la inflamación sellaba por sí misma algunos de los vasos sanguíneos que sangraban. Tres horas después, sus cerebros estaban tan inflamados que Ben decidió inducirles un coma artificial, que desaceleraría la tasa metabólica del cerebro y así también disminuiría la hinchazón.

Con los cerebros tan inflamados, se hizo importante cerrar el cuero cabelludo de los gemelos. Ben sabía que si esto no se hacía de inmediato, los cerebros se hincharían tanto que se saldrían del cráneo de los bebés. Esto suponía otro cambio de planes. En principio, los cirujanos plásticos iban a encajar los parches de malla craneal de titanio forrados con la pasta de hueso y, después, taparlos con el cuero cabelludo, pero ese paso tendría que posponerse a una operación posterior. Lo importante ahora era cerrar el cuero cabelludo. Cuando hubieron controlado la hemorragia todo lo que fueron capaces, Ben y el Dr. Long se retiraron, y el equipo de cirugía

plástica comenzó a coser el cuero cabelludo nuevamente en su lugar.

A las cinco y cuarto del domingo por la mañana, la operación para separar a los gemelos siameses
Binder había finalizado. Tal y como había previsto,
había permanecido en la sala de operaciones durante
veintidós horas. Durante ese tiempo habían utilizado
un total de sesenta unidades de sangre, mucho más
que el volumen normal de sangre de ambos gemelos.
Los bebés fueron conectados a sistemas de soporte
vital para controlar su circulación y respiración. Debían permanecer en coma artificial, de forma que no
pudiesen moverse mientras sus cerebros y cuerpos
empezaban a sanar. Ben echó un último vistazo a los
hermanos mientras los sacaban del quirófano en dos
camillas separadas. *Gracias, Señor, por permitirnos
llegar tan lejos*, oró en silencio. *Ahora, ayuda a estos
bebés a sanar pronto.*

Pasada toda la tensión de la operación, el equipo
médico se duchó y se cambió de ropa. Ben era consciente de que afuera esperaban periodistas y reporteros de varios medios de comunicación. Tendría que
atenderlos pronto y sabía que le harían montones de
preguntas.

Aquella tarde, la sala de conferencias del hospital
estaba abarrotada de reporteros. En la parte delantera se había dispuesto una larga mesa con micrófonos
con los logotipos de las distintas agencias y medios
de comunicación. También estaban presentes varias
cadenas de radio y televisión, tanto locales como na-
cionales. Además, se habían instalado unos potentes
focos para que las cámaras de televisión pudiesen
grabar sin problemas. Estos cegaron a Ben al entrar
en la habitación, pero luego, se abrió paso hasta el

frente y se sentó tras la mesa. De repente, fue consciente de la enorme trascendencia de la operación que acababa de realizar. Había estado tan centrado en lo que tenía que hacer en el quirófano que no había previsto semejante interés. Los periodistas ansiaban conocer todos los detalles de la intervención.

Aunque la mayoría del equipo quirúrgico estaba presente en la rueda de prensa, y algunos de los demás miembros del equipo recibieron preguntas, el Dr. Mark Rogers, director del área de cuidados intensivos pediátricos del Johns Hopkins, y Ben, fueron designados como portavoces oficiales del hospital. Al inicio de la rueda de prensa, el Dr. Rogers señaló:

—El éxito de esta operación no consiste sólo en separar a dos siameses. Su éxito está en conseguir dos niños normales.

A partir de ahí hubo una catarata de preguntas, y el Dr. Rogers contestó la mayoría de ellas. Ben contemplaba al equipo médico reunido a su alrededor, y se asombró de lo maravilloso que habían sido, tanto durante los cinco meses de planificación y entrenamiento, como durante la propia operación. Pudo escuchar al Dr. Rogers responder a una pregunta, diciendo:

—Me asombra que hayamos sido capaces de funcionar como equipo a este nivel de complejidad. Cuando nos retamos entre nosotros, somos capaces de realizar cosas incluso mejores de lo que pensamos. —Ben asintió con entusiasmo.

En respuesta a otra pregunta, Ben contestó a los periodistas:

—Los gemelos tienen un cincuenta por ciento de oportunidades de sobrevivir. Pensamos que la operación ha ido bien. Lógicamente, los resultados deberían ser buenos, pero también sabemos que cuando uno hace cosas que nunca nadie ha hecho antes, pueden ocurrir cosas inesperadas.

Durante los siguientes diez días, Ben pensó constantemente en los gemelos Binder. Cada vez que sonaba el teléfono se apresuraba a responder, orando para que nada malo les hubiese ocurrido. Pasado ese período de tiempo, los bebés fueron saliendo lentamente del coma. Ben y el resto del equipo médico observó como volvían de nuevo a la vida. Los niños movían los deditos de los pies y estiraban los brazos; se frotaban los ojos y empezaban a beber. Pero lo mejor de todo fue que empezaron a observar detenidamente a los que los rodeaban, lo que significaba que ambos podían ver. La operación no había dañado su visión. Ben se sintió aliviado y aleccionado por el resultado. Nadie había separado antes a este tipo de hermanos siameses y conseguido que ambos viviesen.

Los gemelos Binder continuaron progresando adecuadamente. No tardaron mucho en rodar de un lado a otro y agarrar objetos. Todavía tuvieron que ser operados más veces para colocar los parches de titanio en cada cráneo y asegurar que sus cabezas estuvieran correctamente recubiertas de piel adecuada. Las cosas marcharon bien, y no mucho después los bebés estuvieron preparados para volver a casa. Sin embargo, justo antes de que los gemelos regresaran a Alemania, Patrick succionó un trozo de comida que fue a pararle a los pulmones, por lo que dejó de respirar. Nadie estaba seguro de cuánto tiempo había pasado sin oxígeno cuando el equipo de emergencias lo resucitó. Aunque Patrick disminuyó el ritmo de su progreso tras el incidente, el bebé continuó mejorando.

Finalmente, Patrick y Benjamin regresaron a su hogar en Alemania junto con sus padres, y lo hicieron en dos asientos de avión separados, en lugar de en la gran cuna en la que habían viajado a Estados Unidos. A medida que las noticias de su regreso se fueron extendiendo, los medios de comunicación empezaron a aclamar a Ben Carson como el «hacedor de milagros».

Capítulo 15

Las becas Carson

Ben abrió la puerta y entró en casa. El olor a pan de maíz llenaba toda la estancia. Candy fue encontrarse con él en el vestíbulo.

—Hola, Ben. Te he guardado la cena caliente. ¿Cómo ha sido tu día?

—Largo —dijo Ben—. Me siento como si no hubiera tenido un momento de descanso en toda la jornada. Desde lo de los gemelos Binder, hemos recibido un montón más de peticiones de padres desesperados solicitando que el Johns Hopkins analice sus casos. Y continúan llegándome solicitudes de periodistas que quieren entrevistarme.

Candy frunció el ceño.

—Pero hace cuatro meses de esa operación. Hasta te llamaron hacedor de milagros. ¿De qué más quieren hablar contigo?

—De todo absolutamente —dijo Ben suspirando—. Quieren conocer la historia de mi vida, por qué decidí ser cirujano y, esta sí que es buena, ¡lo que hago en mi tiempo libre!

Ambos rieron.

—Si hay algo que no tienes es precisamente tiempo libre —dijo Candy—. Sé que tu presencia es muy importante en el hospital, pero éste es un asunto que realmente debemos considerar con detenimiento, Ben. Tus hijos también te necesitan. Hace ya algún tiempo que apenas consiguen verte —echó un vistazo rápido a su reloj—. Mira, son las once de la noche y acabas de llegar a casa, y difícilmente llegas a casa antes de las diez. Quizá deberías renunciar a algunas pocas cosas, ¿no crees?

Ben asintió.

—Pensaré en lo que me dices y lo pondré en oración —respondió él.

Aquella noche, mientras jugaba una ronda de billar en el cuarto de juegos de la familia antes de irse a la cama, pensó en sus prioridades. Los cuatro meses anteriores habían sido muy emocionantes. Con tantos medios de comunicación informando, Ben llegó a sentirse a veces más como una estrella del rock que como un neurocirujano. Esto provocó, también, que tuviera más trabajo que nunca. El Johns Hopkins hizo lo que pudo para disminuir su carga de responsabilidades. Hacía poco tiempo que habían contratado a otro neurocirujano pediátrico, para aliviar un poco la presión sobre Ben, pero no fue suficiente. Pensó en los documentos que tendría que leer nada más llegar por la mañana, y en las tres consultas que había prometido encajar a lo largo de su ronda matutina para comprobar el estado de los pacientes. Mientras enfilaba la bola de billar para golpearla hacia el bolsillo lateral, pensó en sus tres hijos. Murray tenía cuatro años y medio, B.J. casi tres, y Rhoeyce había cumplido un año el mes pasado. Necesitaban a su padre. *Yo he crecido sin padre, y no quiero que mis hijos crezcan sin uno*, se dijo Ben a sí mismo. *Necesitan conocerme en la vida real, no sólo ver mi fotografía en una revista o periódico, o ver cómo me entrevistan en televisión. Sí, tengo una obligación hacia mis pacientes, pero también la tengo hacia mi esposa y mis hijos.*

Mientras golpeaba las bolas del billar continuaba pensando en su situación. *Siempre tendré demasiado trabajo como para poder terminarlo. Incluso si trabajase veinticuatro horas al día, en lugar de las entre catorce y diecisiete que trabajo ahora, seguiría siendo insuficiente. Así que, ¿por qué no reduzco mis horas de trabajo a una cantidad razonable y veo lo que pasa?* Cuando se acostó aquella noche, había decidido no trabajar más de doce horas al día en el hospital. Le dijo a Candy que haría todo lo que pudiese para estar en casa todas las noches hacía las siete, de forma que pudiese cenar con la familia, leer algo a los niños, ayudar a bañarlos y ponerlos a dormir.

A menudo, Ben tenía que encontrar el modo de delegar parte de su carga de trabajo en otros médicos. Incluso así, no conseguía terminar sus tareas en doce horas, pero puso en práctica el horario al que se había comprometido. Sabía que Candy y los niños estaban encantados de que lo hiciese.

Por aquella misma época, Ben empezó a darse cuenta de que su vida estaba también teniendo un impacto en los hijos de otras personas. Recibió una invitación para visitar la escuela secundaria Old Court de Baltimore, de alumnado predominantemente negro. Al llegar a la escuela no sabía muy bien qué se iba a encontrar, excepto que los alumnos habían iniciado un «club Ben Carson» y querían que él lo conociese. Un martes por la tarde, Ben se sentó en medio de la sala de reuniones del colegio, rodeado por los estudiantes. Para su sorpresa, sabían un montón de cosas acerca de él.

—¿Cuál fue el primer libro que leyó el Dr. Carson? —preguntó la profesora consultándolo en una tarjeta.

—*Chip, el constructor de embalses* —respondió uno de los estudiantes.

—Correcto, Jannel —dijo la profesora. Seguidamente, realizó una nueva pregunta—: ¿Qué edad tenía el Dr. Carson cuando él, su madre y su hermano regresaron a la casa de Detroit en la que habían vivido antes de mudarse a Boston?

—Trece años.

—Correcto, Dan. ¿Qué asignatura enseñaba el Sr. Jaeck, uno de los profesores de quinto curso del Dr. Carson?

—Ciencias —respondió alguien.

Cuanto más escuchaba Ben, más extraño se sentía al ver a todos aquellos chicos de los barrios pobres del centro saber tanto acerca de su vida. Cuando terminó la sesión, Ben preguntó a la profesora dónde había encontrado tanta información sobre él.

—Lo digo porque no hay un libro, ni nada parecido, que cuente mi vida —dijo.

La profesora sonrió.

—Los chicos leyeron acerca de la operación a los gemelos Binder y después vieron su foto; al verla, se dieron cuenta de que era usted negro, como ellos. Eso despertó su curiosidad. Usted ha concedido unas pocas entrevistas en la radio y la televisión, y ha aparecido en artículos de periódico y en revistas. Así que buscaron a fondo en estas cosas hasta sentir que le conocían bien. Entonces decidieron fundar este club con el objetivo de alcanzar el éxito, tal y como usted lo alcanzó.

Ben se quedó sin habla. Fue uno de los días más aleccionadores e impactantes de su vida, pero todavía habrían de venir más. Una de las chicas le explicó a Ben las reglas de funcionamiento del Club de Ben Carson.

—Todos nos comprometemos a no ver más de tres programas semanales de televisión, y a leer dos libros a la semana, igual que tu madre hizo contigo y con Curtis.

A Ben le hizo mucha gracia la autoridad con la que lo había dicho la niña. ¡Era casi como si hubiese estado allí cuando su madre estableció esas reglas!

—También nos reunimos una vez a la semana para hablar de los libros que hemos leído y apoyarnos los unos a los otros. Quizá algún día, algunos de nosotros seamos también neurocirujanos —siguió diciendo la niña.

Por un momento, Ben se quedó sin habla.

—Quizá lo sean —dijo—. Desde luego, van por el camino correcto.

Aquella tarde, mientras conducía de vuelta al hospital, Ben repasó en su mente lo que acababa de presenciar. Entre veinte y treinta chicos y chicas de una escuela de un barrio marginal —una escuela sumida en la violencia y la pobreza, como las que él había frecuentado— habían encontrado la inspiración y el deseo de retarse a sí mismos gracias a la historia de su vida. Se sintió complacido de que lo considerasen un modelo a seguir. Le agradaba saber que aquellos chicos y chicas se fijaban en alguien que había trabajado duro en los campos de la medicina y la ciencia, en lugar de idolatrar a las típicas estrellas del pop y héroes del deporte. No podía resistía la espera para contarle a Candy lo que había visto y experimentado en aquella escuela secundaria.

Cuanto más pensaba en ello, más comprendía que se había transformado en un símbolo para los estudiantes del colegio Old Court; un símbolo de lo que podía conseguirse a través del poder de la lectura. Leyendo, uno no sólo aprendía a ver las cosas desde puntos de vista diferentes, sino que también viajaba en su imaginación a nuevos y emocionantes lugares; lugares donde uno podía aspirar a una vida distinta, lugares donde las esperanzas y sueños podían desarrollarse.

Después de que en mayo de 1988 el periódico *Detroit News* publicase un importante artículo sobre Ben, éste empezó a recibir un torrente continuo de cartas de personas de todas las edades, inspiradas por la historia de su vida. Una de ellas la enviaba un hombre que tenía un hijo de trece años. Padre e hijo habían tenido que soportar muchas desventuras: primero perdieron su casa, luego el padre perdió su trabajo. Finalmente, habían llegado a una situación en la que no sabían qué comerían al día siguiente. Aquel padre le decía que antes de leer el artículo del *Detroit News* estaba desesperado, pero confesaba que la lectura de la historia de su vida le había dado esperanza. Había sido capaz de encontrar otro empleo y estaba dando los primeros pasos para volver a construir una vida normal para su hijo y para él.

Una madre soltera le escribió para contarle que sus dos hijos se habían sentido retados a soñar grandes cosas. Uno quería ser médico y el otro bombero. Habían apagado la televisión y empezado a leer. Su forma de actuar había tenido también un impacto imprevisto en la madre. Ésta comprendió que podía conseguir algo mejor para ella, se centró en ese objetivo y acababa de ser aceptada en la facultad de Derecho.

Ben se sentía encantado con cada carta que recibía y leía. Estaba más convencido que nunca de que la lectura era la llave para salir de la pobreza e iniciar una nueva senda llena de sentido.

Al hacerse más y más conocido, se le abrieron muchas otras puertas. Un día, quedó muy sorprendido al recibir la llamada telefónica de un editor que le preguntó si estaba interesado en escribir su autobiografía. Ben no tenía ni idea de dónde podría sacar el tiempo necesario para hacerlo, pero el editor le aseguró que le proporcionaría la ayuda de un escritor anónimo, quien le ayudaría en cada paso del proceso de escritura.

En enero de 1990, la Herald and Review Publishing Association publicó la edición en tapa de dura de *Manos prodigiosas: La historia de Ben Carson*. A ésta le siguió rápidamente una edición idéntica del libro, esta vez publicada por Zondervan. Ben se sentía extraño al tener entre sus manos un volumen con la historia de su propia vida, pero allí estaba, impresa para que todos pudieran leerla. El libro empezaba con una escena de cuando Ben tenía ocho años, en la que su madre le decía que su padre nunca volvería a casa de nuevo. Lo cierto es que le resultó penoso volver a recordar ciertos aspectos de su vida, como el que su padre le hubiese abandonado. Sin embargo, a medida que leía, se daba cuenta de que su esfuerzo por sacar a la luz recuerdos dolorosos de su infancia había merecido la pena.

A Ben le gustó especialmente el último capítulo del libro, que había sido difícil de escribir. La mayoría de las autobiografías las escribe la gente al final de su vida, y en ellas repasan todas sus vivencias y logros. Pero Ben todavía era un dinámico hombre de treinta y ocho años, con mucha vida todavía por delante. Se preguntaba cómo debía acabar el libro, hasta que se dio cuenta de que casi siempre que daba una conferencia para un grupo de jóvenes, estos le preguntaban lo mismo: cuál era el secreto que le había permitido pasar de ser un niño pobre de una familia monoparental, a ocupar un puesto tan importante. Ben dedicó un montón de tiempo a pensar en cómo resolver esa cuestión, y finalmente se inventó un acróstico PIENSE EN GRANDE. En inglés —THINK BIG— cada letra se correspondía con algo que Ben creía que había sido de suma importancia para su éxito, y que explicaba en el último capítulo del libro.

La T se correspondía con TALENT, es decir, TALENTO: conoce los talentos que Dios te ha dado y aprende a desarrollarlos.

La H era HOPE/ESPERANZA: sé positivo, confía en que te han de suceder cosas buenas.

La I era INSIGHT/COMPRENSIÓN: aprende de otras personas y de cómo han alcanzado el éxito.

La N era NICE/BUENO: sé bueno todo el tiempo y con todo el mundo. Cuando menos lo pienses, tu bondad regresará para bendecirte. Además, ser bueno es menos estresante.

La K era KNOWLEDGE/CONOCIMIENTO: la sociedad valora a la gente que tiene conocimiento. Éste es la clave de una buena carrera profesional y de tu capacidad para servir a los demás.

La B era BOOKS/LIBROS: debes leer todos los días, no importa si necesitas empezar con libros sencillos. Leer es como cualquier otro ejercicio, cuanto más lo hagas, mejor serás en él.

La I era IN-DEPTH LEARNING/APRENDIZAJE A FONDO: intenta entender la razón de las cosas. ¿Por qué ocurren ciertas cosas? ¿Por qué la gente hace lo que hace? ¿Qué más puedes aprender acerca de un asunto?

La G era GOD/DIOS: aceptar a Dios y buscarlo es la llave del conocimiento. Nunca somos demasiado grandes o demasiado listos para acercarnos a Dios.

La publicación de *Manos prodigiosas* le abrió a Ben muchas puertas, incluyendo cientos de invitaciones para hablarle a la gente joven. A Ben le resultaba imposible aceptarlas todas, pero cada vez que tenía la oportunidad de ir a dar una conferencia en una escuela, lo que siempre le impresionaba más era el gran prestigio que disfrutaban los atletas. El vestíbulo principal de los colegios solía contener vitrinas con los trofeos conseguidos por los diferentes atletas y equipos deportivos de la escuela. Si un equipo ganaba un partido importante, al volver al colegio, sus miembros eran tratados como héroes conquistadores. Ben se preguntaba qué efectos tendría que los estudiantes exitosos lograsen el mismo tipo de reconocimiento. ¿Cuándo había sido la última vez que alguien había aclamado al campeón de ajedrez, o a los chicos que participaban en la Liga de los buenos estudiantes, o al alumno de décimo segundo grado que conseguía ser aceptado en la universidad?

Ben pasó los siguientes tres años sin quitarse esa idea de la cabeza. Se dio cuenta de que mediante *Manos prodigiosas* había desafiado a sus lectores a pensar en grande, pero él también necesitaba hacerlo. Hablo con Candy del tema y, cuantas más vueltas le daba al asunto, más ilusionado estaba, hasta que un día su esposa le dijo:

—¡Ben, constituyamos una fundación! Sería perfecto. Yo soy licenciada en negocios por la Johns Hopkins, y he trabajado con fondos fiduciarios. Creo que esto es lo que Dios tenía en mente desde el principio.

Ben rió.

—Eso creo. Hagamos algo grande con aquellos chicos que realmente se esfuerzan, y consigamos que todos los demás quieran imitarlos.

A Candy le brillaban los ojos.

—Imagínatelos que sean llamados a salir delante de toda la clase para recibir una beca Carson, siendo reconocidos como alguien que lee y estudia...

—Y ayuda a los demás —dijo Ben interrumpiendo—. También es importante servir y ayudar a los demás.

Candy asintió.

—Ya puedo verlo. Cada año escogeremos a un estudiante por colegio, le daremos una medalla y lo llevaremos, junto con su familia, a una ceremonia de entrega de premios.

—Las organizaciones que promocionan el deporte entregan dinero, así que nosotros también dotaremos el galardón con una beca, financiada con nuestro propio dinero. Digamos, 1000 dólares, que el estudiante pueda recoger cuando se gradúe del colegio, y que supongan una ayuda para ir a la universidad —dijo Ben.

—Esto va a ser estupendo —prosiguió Candy—. Voy a comenzar ya mismo, y así podremos estar preparados para el año que viene. ¿Con cuántos estudiantes empezaremos, Ben?

Ben se encogió de hombros.

—Dímelo tú misma. ¿Qué piensas?

—¡Tú eres el que dice PIENSA EN GRANDE! —respondió Candy—. ¿Qué tal si empezamos con veinticinco becas, una por cada condado de Maryland, y vamos haciendo crecer el fondo cada año hasta poder tener un becado Carson en cada colegio de Estados Unidos?

—¡Eso sí que es pensar en grande, Candy! —dijo Ben abrazando a su esposa—. Veamos adónde nos conduce esto.

Capítulo 16

Celebración y desesperación

—Bienvenidos a la gala de los premios Essence 1994, desde el teatro Paramount de la ciudad de Nueva York —anunció la cantante y actriz Vanessa Williams—. Esta noche estamos aquí para honrar las vidas y logros de distintos afroamericanos que han realizado contribuciones significativas en sus respectivos campos de actividad.

Ben Carson se giró en su asiento. Detrás de él podía ver a su izquierda sentaba Queen Latifah, junto a Quincy Jones y Denzel Washington. Ben apenas podía creer que aquella escena fuese real.

Uno a uno, los galardonados con los premios Essence fueron llamados al escenario: Jesse Jackson, el líder de derechos humanos; Spike Lee, el director de cine; Eddie Murphy, el cómico; y, finalmente,

Benjamin S. Carson. Ben se levantó y caminó hacia
el escenario. Fue uno de los momentos más surrealistas de su vida. Se preguntó cómo era posible que
estuviese en la misma categoría que aquellos que
le rodeaban. Le resultaba difícil concebir que él, un
neurocirujano pediátrico, fuera homenajeado públicamente junto algunos de los hombres y mujeres
afroamericanos más famosos del país.

De pie en aquel escenario pudo ver a su esposa
Candy, que le dirigía una sonrisa radiante. Ben se la
devolvió, consciente de que su apoyo constante había
sido en buena medida el responsable de gran parte
de su éxito. *Sí, para tener éxito en cualquier cosa en la
vida uno necesita un equipo*, se dijo a sí mismo, *y yo
tengo un maravilloso equipo detrás de mí.*

La noche continuó con la actuación de estupen-
dos números musicales a cargo de los artistas más
importantes del momento. Mientras la música reso-
naba por todo el teatro, Ben meditaba en la operación de los hermanos Binder, realizada siete años
antes. *Esa es probablemente la razón de que esté
aquí*, pensó. La proliferación de entrevistas de televisión, artículos periodísticos e invitaciones a dar
conferencias que siguieron a la intervención quirúrgica, convirtieron a Ben el centro de atención de la
opinión pública a nivel nacional, algo que la primera
hemisferectomía no había conseguido. Ahora se le
conocía en ámbitos muy alejados del hospitalario.
La operación a los gemelos le había llevado también
a escribir y publicar su autobiografía, *Manos prodigiosas*, que continuaba vendiéndose bien. Cientos
de miles de personas habían leído el libro, y Ben
estaba seguro de que esa era una de las razones por
las que, en aquel momento, se encontraba sentado

como uno más entre las «estrellas» de la comunidad afroamericana.

La operación de los gemelos Binder no sólo había lanzado a Ben a la fama, sino que, también, le había transformado en una autoridad mundial en el tratamiento de siameses unidos por la cabeza. De hecho, acababa de volver de Sudáfrica, donde había examinado a unas niñas siamesas de siete meses de edad, Nthabiseng y Mahlatse Makwaeba, para valorar si era posible o no separarlas. Aunque las niñas no gozaban de una salud tan robusta como la de los hermanos Binder, Ben accedió a llevar a cabo la operación, pero bajo unas circunstancias muy diferentes. En esta ocasión, la operación se llevaría a cabo en la Medunsa (Universidad médica de Sudáfrica), cerca de Pretoria, Sudáfrica, y con un equipo formado por médicos y enfermeras locales.

Al observar a las personas tremendamente exitosas que le rodeaban, pensó en el equipo médico de la Medunsa. En Sudáfrica había estado vigente, hasta hacía poco tiempo, el régimen del apartheid. Éste consistía en una forma institucionalizada de racismo, aplicado por los blancos para mantenerse separados de las diferentes razas que poblaban el país, con el fin de mantener bajo su control la mayor parte del poder político. Pero la situación estaba cambiando rápidamente. Dos meses antes, en su primera visita a Sudáfrica para evaluar el estado de las siamesas Makwaeba, se dio cuenta de que allí estaba en juego mucho más que la separación de dos hermanas. La operación serviría también para presentar a Sudáfrica y al mundo, un hospital dirigido y llevado por profesionales negros que iban a intentar algo que se encontraba todavía en fase experimental. Ben se dio cuenta de que, ser un médico negro estadounidense y una autoridad mundial en su campo, era una forma educada de acabar con la idea sudafricana, llena de prejuicios, de que los negros no podían competir con los blancos. Había mucho en juego, no sólo para las niñas y su supervivencia, sino también para un país dividido.

A finales de junio de 1994, dos meses después de la ceremonia de los premios Essence, Ben voló de regreso a Sudáfrica para realizar la operación de las siamesas Makwaeba. Al igual que en el caso de los gemelos Binder, se habían realizado un montón de preparativos bajo la dirección del Dr. Samuel Mokgokong, profesor de neurocirugía en la Medunsa: la sala de operaciones se había actualizado con nuevos respiradores, herramientas quirúrgicas y monitores de la tecnología más avanzada. Además, el Dr. Mokgokong había seleccionado de entre el personal del hospital, a un habilidoso equipo de cirujanos y enfermeras.

Cuando Ben volvió a ver a Mahlatse y Nthabiseng Makwaeba, se le estremeció el corazón. Las niñas estaban bastante más enfermas que cuando las examinó por primera vez.

—Me temo que su condición cardiovascular se ha deteriorado —dijo el Dr. Mokgokong a Ben—. Esta operación es su única esperanza. Si no la realizamos pronto, no creo que vivan mucho tiempo más.

Ben asintió.

Todo el equipo médico, formado por cerca de sesenta personas, se reunió para repasar el papel de cada uno. También dedicaron un montón de tiempo a preparar las mesas de operaciones y practicar la forma de apartarlas una vez las hermanas estuvieran separadas. El hospital había almacenado ochenta unidades de sangre, ya que en la separación de los hermanos Binder habían sido necesarias sesenta unidades, y Ben quería tener una cantidad mayor como margen de seguridad. La mañana de la operación, Ben estaba convencido de que se habían preparado lo mejor posible. Las hermanas fueron anestesiadas, y Ben oró:

—Señor, ahora estamos en tus manos.

Los cirujanos plásticos fueron los primeros en empezar. Al igual que en la separación de los Binder, se habían colocado con antelación balones de estiramiento de la piel bajo el cuero cabelludo de las niñas, para conseguir así suficiente piel como para cubrir la parte de las cabezas que ahora se encontraba unida. Una vez que los balones fueron retirados y los pliegues de piel se doblaron hacia atrás, le llegó a él el turno de trabajar. Ben cortó y retiró el hueso del cráneo que conectaba a las dos niñas, y abrió la duramadre para dejar expuesto el cerebro. A partir de ahí, empezó el laborioso trabajo de separar los vasos sanguíneos que regaban ambos cerebros. Al igual que ocurriera con los hermanos Binder, Mahlatse y Nthabiseng Makwaeba estaban conectadas a máquinas de circulación extracorpórea. Ben también hizo que la temperatura de la sangre de las niñas descendiese hasta los 20 grados centígrados, para inducir así una detención hipotérmica que detuviese casi por completo sus funciones metabólicas.

Una vez que las hermanas Makwaeba estuvieron separadas, había llegado el momento de poner aparte cada una de las mesas de operaciones. Ben miró el reloj, ya llevaban quince horas de operación.

Cuando calentaron la sangre de las niñas, Ben escuchó decir a una enfermera:

—Su corazón no late.

El corazón de Nthabiseng no se reiniciaba. Un equipo de cirujanos cardiacos empezó a trabajar febrilmente para intentar reanimar a la niña, pero sin éxito. El monitor cardiaco seguía mostrando una línea plana y, finalmente, Nthabiseng, la menor de las hermanas, fue declarada muerta.

Ben intentó sacar de su mente lo sucedido con Nthabiseng y concentrarse en la operación de Mahlatse, que parecía estar mucho más fuerte y aguantó bien las últimas cinco horas de la operación. Cuando llegó el momento de sacarla del quirófano, movía los ojos y emitía sonidos.

Aunque era difícil comunicarle a los padres de las niñas que una de ellas había muerto en la mesa de operaciones, estos se mostraron agradecidos de que una de sus hijas se hubiera salvado, aunque infelizmente no por mucho tiempo. Pocas horas después de terminar la operación, Mahlatse empezó a debilitarse, y murió dos días después.

El examen forense de las hermanas fallecidas reveló que, además de ser siamesas, las niñas mantenían una relación simbiótica por la que varios órganos realizaban una doble función, sirviendo a ambas hermanas. Unidas podían, sobrevivir, pero separadas ninguna de ellas resultaba funcional por sí misma. Una tenía la mayor parte de la capacidad cardiaca, mientras que la otra tenía los riñones operativos que mantenían a ambas con vida.

Fue un golpe amargo para todo el equipo médico y para Ben en particular. Aunque no había nada que hubiera podido hacer para salvar a las niñas, se sentía fatal por el resultado final. En el viaje de vuelta tuvo que recordarse a sí mismo que la separación de siameses unidos por la cabeza era aún algo experimental. En esta operación, había aprendido cosas que podrían aumentar sus oportunidades de éxito en el siguiente caso de este tipo.

La siguiente oportunidad de trabajar con siameses se produjo también en África. En diciembre de 1996, el Dr. Sam Mokgokong llamó a Ben y le contó que la Medunsa quería honrarle con un doctorado honorífico por su trabajo con las gemelas Makwaeba. Sam invitó a Ben y a Candy a asistir a la ceremonia de graduación, que tendría lugar en Sudáfrica. Aunque ya tenía dieciocho doctorados honoris causa, incluidos los de las universidades de Yale y Tuskegee, Ben aceptó encantado la invitación. Estaba deseando enseñar a Candy algunas de las cosas que había visto allí, y llevarla a un gran safari de caza mayor durante su estancia.

Tres meses después, Sam Mokgokong volvió a llamar, esta vez para preguntar si Ben estaría dispuesto a examinar a unos hermanos siameses, Luka y Joseph Banda, nacidos en Zambia y unidos por la cabeza. Como Zambia carecía de instalaciones médicas en las que poder evaluar apropiadamente a los hermanos, habían buscado la ayuda de Sam.

Ben tenía sentimientos encontrados respecto a la posibilidad de operar a otra pareja de hermanos siameses. Aún se sentía triste y frustrado cada vez que pensaba en las niñas Makwaeba. Pero, finalmente, le dijo a Sam:

—De acuerdo, los examinaré. Pero no estoy seguro de que vaya a tener suficiente tiempo libre en mi trabajo como para poder formar parte del equipo de cirujanos.

Ben y Candy partieron hacia Sudáfrica con la esperanza de ver un cambio en la situación del país. Tres años antes, en la época en que Ben estuvo allí para operar a las hermanas Makwaeba, Sudáfrica acababa de elegir a un nuevo presidente negro, Nelson Mandela. Éste, junto con su partido, el Congreso nacional africano, había avanzado bastante en dirección a crear una Sudáfrica libre y multiétnica, y Ben pudo ver los progresos. Los negros sudafricanos parecían sentirse más optimistas respecto a su futuro, e iban por la vida con la cabeza un poco más alta que anteriormente.

La ceremonia en la que Ben fue honrado con un doctorado honoris causa en ciencia médica estuvo llena de pompa y solemnidad. También tuvo un decidido sabor africano, marcado por la exuberante celebración de los estudiantes que se graduaban. Al verlos, Ben recordó a algunos estudiantes estadounidenses, de aspecto aburrido, que había visto en ceremonias de graduación universitaria, y deseó podérselos traer a todos allí para que viesen qué aspecto tenía una verdadera celebración por los logros académicos obtenidos.

Tras un emocionante safari en el Parque nacional Kruger, situado a un día en automóvil al noreste de Pretoria, Ben y Candy dejaron Sudáfrica para volar al norte, hacia Lusaka, Zambia, donde conocieron a los hermanos Banda y a su médico. En aquel momento, los bebés tenían cuatro meses de edad, y ambos eran alegres y vivarachos, contoneándose y acompañando cada movimiento de Ben, mientras éste palpaba sus cráneos justo por la zona por la que estaban unidos. En lugar de encontrarse unidos por la parte de detrás de la cabeza, Luka y Joseph lo estaban por la parte superior, con cada hermano mirando hacia el lado opuesto. Era como si sus cabezas formasen un largo tubo del que saliesen dos cuerpos.

Ben comentó el caso con el Dr. T. K. Lambart, el único neurocirujano de Zambia. Ambos llegaron a la conclusión de que, si los separaban, los chicos tendrían una buena probabilidad de llevar vidas independientes. Ahora bien, la cuestión era: ¿podría Ben colaborar en la operación? No se lo pensó mucho, y acabó aceptando. Ver a Luka y a Joseph allí tendidos, incapaces de darse la vuelta, hizo que Ben estuviese dispuesto a cualquier cosa con tal de darles la oportunidad de tener una vida mejor.

Ben volvió a Estados Unidos lleno de energías, especialmente porque se dio cuenta de que ciertas tecnologías recientemente desarrolladas podían aumentar las probabilidades de que la operación tuviera éxito. Varios meses antes, le habían invitado a contemplar en el departamento de radiología del Johns Hopkins una tecnología experimental de obtención de imágenes en 3D. Los resultados de los rayos X, de los escáneres de TC, y de las IRM se introducían en un ordenador, que creaba un modelo en 3D que podía verse en una pantalla utilizando unas gafas especiales. Aunque, en su momento, aquello le había impresionado, no estaba convencido de cuán útil sería. Entonces comprendió exactamente cómo aprovechar esa tecnología 3D.

Una vez de vuelta en el Johns Hopkins, Ben hizo que los médicos de los hermanos Banda le enviasen, desde África, toda la información necesaria para construir un modelo en tres dimensiones del interior de las cabezas unidas de los bebés. Tener las imágenes en 3D disminuía en gran medida la necesidad de hacer conjeturas respecto a la situación. Ben pudo, de hecho, estudiar y cartografiar con gran precisión los vasos sanguíneos de las concavidades de los cerebros de los bebés. También encontró tiempo para realizar la operación.

Dos días después de la Navidad de 1997, Ben se dispuso a regresar a la Medunsa, donde habían sido llevados los siameses para la intervención quirúrgica dirigida a separarlos. Dedicó gran parte del tiempo de vuelo a Sudáfrica a repasar los datos de los hermanos y orar para que la operación fuese un éxito. Era consciente de que, de nuevo, había mucho en juego; no sólo para los hermanos Banda y sus padres, sino también para el equipo de la Medunsa. El mundo estaba pendiente de Sudáfrica y el destino de los pequeños hermanos siameses de Zambia.

Capítulo 17

Vida y muerte

«DIOS BENDIGA A JOSEPH Y LUKA», decía la gran pancarta extendida a lo largo de la pared trasera de la sala de operaciones. Ben la vio nada más entrar en compañía de Sam Mokgokong. Eran las cinco de la mañana del martes 30 de diciembre de 1997. Todo el equipo quirúrgico, formado por sesenta personas, estaba ya reunido. De hecho, Ben supo que habían tenido una reunión de oración antes de su llegada. Saberlo le alegró mucho. Una vez más, Sam había hecho un maravilloso trabajo reuniendo al equipo quirúrgico, muchos de cuyos integrantes ya habían participado en la operación de las hermanas Makwaeba tres años y medio antes.

Ben observó mientras los siameses Banda eran anestesiados. Los cirujanos plásticos practicaron haciendo rodar a los siameses sobre la mesa de operaciones, ya que habría necesidad de hacerlo varias veces durante la delicada intervención. De fondo, la música clásica sonaba bajito, una costumbre de la que disfrutaba Ben cuando operaba en el Johns Hopkins.

Finalmente, los cirujanos plásticos terminaron de practicar la forma de darles la vuelta a los niños. Después, retiraron los balones de estiramiento de la piel y echaron hacia atrás las capas de piel estirada del cuero cabelludo. A continuación, pasó al frente el equipo de cuatro neurocirujanos, entre los que estaba el Dr. Lambart, neurocirujano de los hermanos y considerado el médico más importante de Zambia. Ben le entregó el taladro manual a éste para que perforase el primer agujero, cerca del punto medio de unión entre los cráneos. A medida que el Dr. Lambart iba realizando más trepanaciones en el cráneo, Ben empezó a recortar el hueso situado entre las mismas. Después comenzó el delicado procedimiento de apertura de la duramadre, prestando mucha atención al conjunto de venas y arterias que llevaban la sangre desde los cerebros y en dirección a estos, y tratando de discernir qué vasos estaban asociados con cada uno de ellos.

Hacia la hora del almuerzo, llegó el momento de dar la vuelta de nuevo a los siameses sobre la mesa de operaciones, de forma que el procedimiento pudiese efectuarse sobre el otro lado de sus cabezas. Mientras se volvía a los hermanos y estos eran nuevamente preparados y cubiertos para la operación, Ben y los demás neurocirujanos se retiraron a una sala de conferencias para comer algo y observar por un monitor lo que se hacía en la sala de operaciones.

Mientras comía, Ben ponderada lo que debía hacer a continuación. Como en el caso de los hermanos Binder, los Banda compartían un seno extra grande atestado con la sangre de los vasos que corrían a cada cerebro. Casi todos los expertos que Ben había consultado antes de la operación le dijeron que debía intentar cortar alrededor del borde del seno, entregando la mayor parte de la maraña de vasos sanguíneos a uno de los bebés y una parte pequeña al otro niño. Pero Ben tuvo una idea diferente. Sintió que podía ser mejor dividir el seno justo por en medio, dando la mitad a cada niño. Aunque hacer esto requería un procedimiento quirúrgico más largo y más agotador, tuvo el presentimiento de que al final valdría la pena. Cuando llegó el momento de volver a entrar en la sala de operaciones, había tomado una decisión: dividiría el seno en partes iguales. Sí, era arriesgado, pero un riesgo que consideraba que compensaría a los bebés.

La laboriosa operación continuó avanzando, y las manos de Ben continuaron en movimiento, a pesar de que la silla en la que estaba no tenía donde descansar los antebrazos. Las horas pasaron y Ben continuó con el trabajo de separar lo que parecía un plato de espagueti lleno de vasos sanguíneos retorcidos.

A la una y media de la mañana siguiente, Ben estaba completamente exhausto. Cerró la capa de piel sobre la cabeza de los niños y se tomó un descanso, mientras el equipo de cirugía plástica daba la vuelta una vez más a los bebés, para prepararlos para la siguiente etapa de la operación. Ben regresó a la sala de conferencias y se dejó caer sobre la silla más próxima. Se sentía frustrado. Seguía habiendo tantísimos vasos sanguíneos que separar que no veía cómo lograría hacerlo. A la sala de conferencias fueron llegando otros miembros del equipo quirúrgico, también con la fatiga reflejada en sus rostros.

Ben reunió el valor necesario para realizar una pregunta:

—¿Creen que deberíamos considerar la posibilidad de detener la operación en este punto? Podríamos mantener a los niños en coma y reanudar la operación en un día o dos, cuando tengamos fuerzas para proseguir. ¿Qué piensan?

A medida que iba escuchando las respuestas, se dio cuenta de que no había posibilidad de detenerse en aquel momento. Nadie pensaba que el hospital fuera capaz de cuidar de los niños y mantenerlos con vida en aquel estado de separación parcial. Ben estaba de acuerdo. Pese a lo mucho que deseaba descansar, ya era demasiado tarde para detenerse. Era necesario continuar, a pesar de que al haberles dado la vuelta a los bebés, la maraña de vasos sanguíneos que le esperaba todavía sería peor.

Caminó de vuelta a la sala de operaciones, pidiendo a Dios en oración fuerzas para terminar lo que había comenzado. Al tomar en su mano el bisturí, sintió como si alguien guiase sus manos. Trabajó en un vaso sanguíneo tras otro, aislándolos, separándolos y recortándolos o reconectándolos metódicamente. Veinte vasos, cincuenta, cien. Cuando llegó el momento de separar la última vena que unía a los dos hermanos, se le había pasado la fatiga y se sentía concentrado y lleno de energías. Justo en ese momento se escuchó por los altavoces el «Aleluya» del Mesías de Handel. A Ben se le erizó el vello de los brazos. Los hermanos Banda ya estaban separados, y las mesas de operaciones se separaron.

Eran las siete y media de la mañana, había pasado un día y una hora desde que comenzaran la operación, y todavía les quedaban muchas horas de trabajo por delante. Sin embargo, Ben se sentía eufórico. Hasta ese momento los bebés sólo habían consumido 4 unidades de sangre entre los dos, y sus cerebros no se habían inflamado. ¡Tres horas más tarde todo había concluido! Los niños fueron sacados en sus camillas de la sala de operaciones, sorprendentemente despiertos y alerta. Uno de los bebés incluso intentaba sacarse de la garganta el tubo del respirador.

Luka y Joseph Banda continuaron mejorando, y unas semanas después ya se daban la vuelta e intentaban gatear. Ben estaba entusiasmado; los niños no sólo habían sobrevivido a la operación, sino que estaban prosperando. Estaba seguro de que vivirían vidas normales, ausentes de cualquier daño cerebral.

A las pocas semanas de haber regresado a casa, le pidieron a Ben que utilizase su condición de persona célebre en un escenario muy diferente. El 6 de febrero de 1998, Martin Rabb Jr. un estudiante quinceañero del colegio Northern de Baltimore, fue golpeado por un grupo de estudiantes de secundaria que llevaban bates de beisbol. Martin escapó por una calle muy frecuentada del noreste de Baltimore, pero recibió dos disparos de arma de fuego por la espalda y murió delante de una tienda de vídeos. Cuando se supo lo que había ocurrido, la gente se enteró de que Martin había temido por su vida tras enzarzarse en una pelea en el comedor, por causa de un vaso de leche derramado. No era la primera vez que esa pandilla pegaba a Martin, y la anterior ocasión había tenido que recibir asistencia hospitalaria.

Las noticias de la brutal paliza y posterior asesinato del joven Martin conmocionaron a la ciudad. Todo el mundo sabía que en los colegios actuaban pandillas, y que se producían incidentes violentos.

Pero golpear a un chico para después darle un tiro, a plena luz del día, en una calle transitada, era un asunto muy diferente y resultaba difícil de comprender. Cuando Ben se enteró del incidente, se dio cuenta de que aquella semana, concretamente el martes, se había comprometido a hablar en el colegio Northern, justo el día antes del funeral de Martin Rabb Jr., en una reunión para padres que se había convocado con el lema «Por nuestros chicos».

El lunes, los organizadores de la reunión le llamaron para confirmar su asistencia al evento del día siguiente. Le dijeron que Kurt Schmoke, el alcalde de Baltimore; el fiscal general del estado de Maryland; y el actor Charles Dutton, que había crecido en el norte de Baltimore, asistirían a la conferencia, junto con muchos otros cargos públicos, para mostrar su apoyo a la familia y amigos de Martin Rabb.

Aquel martes, Ben tenía una agenda llena de compromisos, pero las cosas le fueron bien y pudo realizar una hemisferectomía, y dejar que su cirujano residente cerrara el cráneo y el cuero cabelludo. Ben se dirigió directamente del Johns Hopkins al colegio Northern. Mientras conducía, pensó en el mensaje que quería transmitir. Su mente le llevó a febrero del año anterior, cuando había sido el conferenciante del desayuno nacional de oración realizado en Washington D.C. Fue un honor ser invitado a dirigirse al presidente de Estados Unidos y a los legisladores más importantes, tanto del partido republicano como del demócrata, reunidos para celebrar su fe común como cristianos. Durante el desayuno de oración, Ben pronunció un mensaje de veinte minutos en el que repasaba las dificultades que había encontrado de niño y cómo había llegado a estar tan fuera de control que había intentado apuñalar a un amigo. Habló de cómo se dio cuenta de que tenía un temperamento terrible, y de cómo comprendió que si no permitía que Dios tomase el control, jamás alcanzaría su sueño de llegar a ser médico.

Mientras conducía por las calles de Baltimore, comprendió que ese era el mensaje que deseaba compartir con los padres del instituto Northern. Había esperanza para sus hijos; no tenían por qué ser abatidos a tiros por las calles. Sin embargo, como padres, ellos tenían la responsabilidad de dirigirlos hacia una vida mejor, siendo personas piadosas que trabajasen duro para hacer de este mundo un lugar más habitable para ellos mismos y para sus hijos.

Cuando llegó al colegio, la reunión ya había comenzado. Tras un número musical a cargo del coro del colegio, Ben fue conducido por un pasillo justo a tiempo de subir al escenario con los demás conferenciantes invitados. Allí escuchó atentamente hablar al alcalde y a otros cargos públicos. Todos ofrecían sus condolencias a la familia de Martin y admitían el temor que su asesinato había causado en la comunidad. También prometían hacer todo lo que pudieran para cambiar las cosas, de forma que nunca volviese a ocurrir una tragedia como aquella. Ben estaba de acuerdo con todo lo que habían dicho. Compartía profundamente los mismos sentimientos, sin embargo, quería ofrecer a los padres de los estudiantes del colegio algo más que simpatía y promesas. Quería desafiarles a hacer más, y recordarles su responsabilidad como padres.

Cuando le presentaron al auditorio, Ben oró por lo bajo a Dios rogando que le diese sabiduría respecto a qué decir.

—He pasado la mayor parte del día de hoy retirando medio cerebro de un joven que sufre ataques convulsivos que no se pueden tratar con medicamentos. Ahora vengo aquí esta noche a decirles que utilicen sus cerebros —empezó Ben, sabiendo que así tendría la atención de todas las personas de la sala.

Ben prosiguió su charla hablando de la presión social, y de cómo a los niños y adolescentes les costaba pensar con cierta perspectiva en cuanto a cuán larga sería su vida, respecto a si querían tener una vida exitosa, y sobre el esfuerzo que conllevaría el conseguirlo.

—Tenemos que lograr que nuestros jóvenes entiendan el concepto de gratificación diferida —señaló Ben—. Las personas viven hoy de media unos setenta y cinco años. Los niños tienen veinticinco años para prepararse para lo que harán durante las siguientes cinco décadas. Si se preparan bien, cosecharán los beneficios durante medio siglo. Si, en cambio, gastan ese tiempo de una forma inadecuada, siguiendo el ejemplo de las masas, cediendo a las presiones negativas del grupo, pasarán cincuenta años sufriendo las consecuencias.

Ben observó cómo asentían muchos de los padres y madres presentes en el auditorio. Estaba seguro de haber hecho llegar su mensaje a algunos de ellos. *Esta vida no dura para siempre, y no siempre nos da otra oportunidad,* pensó recordando a Martin Rabb Jr. Martin quien había perdido la vida, y eso ya no tenía remedio, pero las vidas de sus atacantes iban a cambiar también para siempre. Cuando, finalmente, fuesen identificados, se les juzgaría y condenaría por asesinato.

Hacia el final de su conferencia, Ben compartió la historia de su problema con la ira y cómo estuvo a punto de trastornar su vida para siempre. Odiaba pensar en aquel día en el que había intentado apuñalar a su amigo por cambiar de emisora en un aparato de radio, un incidente no muy distinto al de derramar un vaso de leche.

Yo pude perfectamente haber acabado en la cárcel, en lugar de en Yale —dijo—. En cambio, Dios utilizó ese incidente para darle un giro total a mi vida. Desde aquel momento empecé a entender que reaccionar con ira cuando alguien te hace mal, no hace de ti una persona fuerte. Al contrario, demuestra que eres débil, al permitir que los demás determinen tu comportamiento.

Ben animó a los padres y madres allí presentes a decirles a sus hijos que podían ser fuertes, que no tenían por qué ser esclavos de reacciones provocadas por los demás, que podían trazar su propio rumbo en la vida y ser fieles al mismo. Sin embargo, en aquel momento Ben no era consciente de que pronto tendría que enfrentarse a su propio desafío y encarar con fortaleza una terrible enfermedad.

Capítulo 18

Un erudito, un médico y un líder

Ben levantó la vista de su microscopio quirúrgico. Una enfermera le hizo la señal de que tenía una llamada de teléfono. Asintió mientras ella le acercaba el auricular al oído.

—Ben, me pediste que llamase tan pronto como tuviese los resultados —le oyó decir al otro lado de la línea a su colega, el Dr. Patrick Walsh.

—Adelante —dijo Ben.

—Las noticias no son buenas. Tienes una forma agresiva de cáncer de próstata. ¿Cuándo puedes venir a mi consulta? Tenemos que tratar esto de forma rápida y contundente, si es que queremos tener la oportunidad de vencerlo.

—¿Qué tal mañana por la mañana a las nueve? —dijo Ben.

—Perfecto.

Ben le hizo una seña a la enfermera para indicarle que la conversación había terminado. Como estaba en medio de una operación delicada, quitó de su mente el diagnóstico que acababan de darle.

Aquella noche, la realidad de la situación a la que se enfrentaba empezó a hacer mella en su ánimo. Ben tenía cincuenta años, estaba en la cima de una exitosa carrera profesional, y tenía cáncer. No cualquier cáncer, sino uno de un tipo potencialmente mortal incluso en hombres más jóvenes. El hecho de padecer una enfermedad tan seria fue difícil de aceptar. En términos generales, se sentía en forma y saludable. Se dio cuenta de que, por primera vez en su vida, él sería el paciente del hospital. Siempre había sido él el que diera información y consejo, ahora tendría que escuchar lo que le dijesen y obedecer.

Lo que más le incomodaba de la idea de morir era dejar solos a Candy y los niños. Murray tenía diecinueve años, y estaba a punto de empezar su segundo año de estudios de ingeniería en Yale. B. J. estaba en el último año de secundaria, y Rhoeyce estaba en el tercer año. Los tres habían ido a la escuela Mc-Donough, situada a las afueras de Baltimore, centro que mantenía unos estándares académicos muy rigurosos. Ben sabía que si la enfermedad resultaba mortal su familia no tendría problemas económicos. De hecho, tan sólo un año antes, se habían mudado a una bonita urbanización de estilo georgiano situada en el condado de Baltimore. Su madre disfrutaba de sus setenta años, felizmente alojada en la planta superior. A Ben le fastidiaba pensar en dejarlos a todos y perderse las ceremonias de graduación, así como imaginar las bodas y nietos que nunca vería.

Además, tenía muchos otros objetivos que deseaba ver cumplidos. En enero de aquel año había publicado su tercer libro, *El gran panorama: una perspectiva de lo realmente importante en esta vida.* Inspirado en su biografía, daba ideas a los lectores sobre cómo aprovechar al máximo sus talentos.

Ben intentó mantener en privado las noticias de su cáncer, pero no pudo impedir que se filtrasen. A lo largo del país y del mundo los periódicos publicaron la noticia, y al Johns Hopkins empezaron a llegar cartas y tarjetas postales, junto con consejos y paquetes con ayuda. Le sorprendió la cantidad de gente que se puso en contacto con él. Incluso los padres de sus jóvenes pacientes se tomaron la molestia de animarle, y algunos le aseguraron que estaban orando por él.

El 7 de agosto del 2002 se sometió a una operación de dos horas dirigida a extirparle el tumor, y también se le hicieron análisis para ver si la enfermedad se había extendido a otras partes de su cuerpo. A Ben le alivió saber que el cirujano creía haber eliminado todo el tejido canceroso, y que confiaba en que se recuperase totalmente y viviese una larga vida.

Seis semanas después, ya estaba de nuevo trabajando a pleno rendimiento en el hospital. Para entonces tenía una nueva perspectiva sobre lo que representaba estar enfermo, ya que había compartido el punto de vista del paciente. Tomó la decisión de dedicar más tiempo a hablar con los padres y las familias, y a asegurarse de haber respondido completamente a todas sus preguntas, en especial aquella que hacían con más frecuencia: «¿Qué pasará a continuación?».

Casi un año más tarde, Ben se encontraba en un avión de camino a Singapur. Una vez más, había sido invitado a formar parte de un equipo quirúrgico internacional que intentaría separar a unos hermanos siameses. Sin embargo, esta operación sería muy diferente de cualquier otra que hubiese realizado antes. A diferencia de los demás siameses que había operado con anterioridad, que eran bebés, Laleh y Ladan Bijani tenían veintinueve años. Habían nacido y crecido en Irán, y eran unas mujeres increíblemente exitosas, teniendo en cuenta que se encontraban unidas por uno de los lados de sus cabezas. Ambas habían estudiado derecho en la universidad de Teherán. Había sido una decisión de Ladan, ya que su hermana habría preferido estudiar periodismo. De hecho, fue el deseo de poder tomar sus propias decisiones individuales y perseguir sus propios objetivos lo que les había llevado a buscar someterse a una operación que las separase.

Ben había estado recibiendo informes periódicos durante varios meses sobre el difícil caso de las siamesas Bijani. Era consciente de que existían diversas razones por las que separar siameses adultos era mucho más difícil que hacerlo con bebés. En primer lugar, los cerebros adultos podían estar fusionados, haciendo difícil saber con exactitud dónde terminaba un cerebro y comenzaba el otro. En segundo lugar, el hueso de sus cráneos, el lazo izquierdo de la cabeza de la de Ladan y el derecho de la de Laleh, era increíblemente grueso, especialmente en su base. Finalmente, dar la vuelta a dos siameses adultos en una mesa de operaciones podía ser cien veces más difícil que darles la vuelta a unos bebés.

A su llegada al hospital Raffles de Singapur, se reunió con un equipo de especialistas internacionales compuesto por veintiocho cirujanos y más de cien personas del equipo de apoyo, que irían trabajando por turnos. La operación se analizó desde todos los puntos de vista posibles. Muchos de los cirujanos se mostraron preocupados por el peligro de que las siameses murieran durante la intervención.

Ben sabía que era un riesgo real. De hecho, pensaba que la muerte era un resultado probable, lo que a su vez le conducía a plantearse la pregunta que todos se hacían. ¿Era ético operar a aquellas mujeres, sabiendo que podían no sobrevivir, cuando no se encontraban en una situación de peligro físico inminente?

Decidió reunirse con las mujeres y conocer personalmente sus circunstancias. Las jóvenes le contaron que habían vivido como una sola persona durante veintinueve años, y ya no podían soportarlo más. Se sentían tan miserables que preferían morir, antes que vivir otro año más unidas. Comprobó que ambas eran mujeres muy inteligentes y decididas, que habían sopesado clara y cuidadosamente las consecuencias de lo que deseaban hacer. Él creía que había una probabilidad de un cincuenta por ciento de que ambas consiguiesen sobrevivir a la operación, y ellas le rogaron que les diese la oportunidad de vivir una vida normal.

La operación para separarlas tuvo lugar el 8 de julio del 2003, y fue seguida por personas de todo el mundo. Sesenta periodistas, junto con los reporteros y cámaras de la CNN, acamparon en el vestíbulo del hospital, preparados para emitir boletines horarios a todo el mundo. Un equipo del programa *Good Morning, America* llegó de Estados Unidos para entrevistar a los cirujanos tan pronto como la operación hubiera terminado.

Las hermanas Bijani se sentaron en una silla especialmente diseñada para la operación y fueron anestesiadas. Ben y los demás neurocirujanos necesitaron doce horas para atravesar sus cráneos mediante sus taladros de alta velocidad. Una vez completada esta parte de la intervención, empezó la verdadera labor de separar sus cerebros y vasos sanguíneos y reconstruir los nuevos. El equipo trabajó durante dieciséis horas. Finalmente, fueron liberadas las pinzas hemostáticas, permitiendo que la sangre fluyera por los nuevos vasos. Durante una hora todo funcionó a la perfección, pero entonces la sangre empezó a encharcar la cabeza de Ladan. Todo el mundo trabajó duro para detener la hemorragia, pero no sirvió para nada. Ladan Bijani se desangró hasta morir. Su hermana Laleh murió hora y media después.

Durante la conferencia de prensa que siguió al fallecimiento de las dos siamesas, Ben señaló:

—No hay duda de que estas mujeres eran conscientes del riego y estaban decididas a seguir adelante. Personalmente, me sentí constreñido a hacer lo posible para ayudarlas y aumentar sus posibilidades de que fuesen separadas y sobreviviesen, y no lamento mi decisión.

Sin embargo, le entristecía que ninguna de las dos hermanas hubiese sobrevivido. *Cada experiencia que tenemos constituye un peldaño más hacia el éxito,* se dijo a sí mismo. *Aunque las hermanas Bijani no lo han conseguido, lo que hemos aprendido gracias a ellas nos permite saber mejor cómo debemos tratar el siguiente caso de separación de siameses.*

Durante los siguientes meses recordó a menudo el caso de las siamesas Bijani y el dilema entre los avances conseguidos con la operación y la necesidad de correr riesgos. Aunque las hermanas habían fallecido, habían tenido suficiente valor como para arriesgar sus vidas por aquello que deseaban. Cuando su editor le preguntó si tenía en mente alguna idea para escribir otro libro, enseguida supo de qué trataría. Su libro *Corre el riesgo* se publicó en el 2007.

Al tiempo que proseguía su trabajo como neurocirujano, era consciente de que ya estaba en la cincuentena, y no conservaría por siempre su puesto. Necesitaba preparar a otros neurocirujanos jóvenes y prometedores.

A medida que su fama se extendía siguió recibiendo honores, entre ellos, muchos nuevos títulos honoríficos. Pero hubo uno en concreto que significó mucho para él. El 19 de junio de 2008 fue recibido en la Casa Blanca junto con Candy, sus tres hijos ya mayores y su madre. Se le había concedido la Medalla de la libertad del Congreso, el más alto reconocimiento que Estados Unidos puede conceder a un civil.

En la Casa Blanca, Ben tuvo la oportunidad de estrechar las manos de otros galardonados, como el Dr. Anthony Fauci, un destacado experto en SIDA; Peter Pace, general retirado de la marina; Donna Shalala, directora del departamento de salud y servicios sociales durante la presidencia de Bill Clinton; y Laurence Silberman, miembro del Tribunal de apelaciones de Estados Unidos por el distrito de Columbia. La sexta persona en recibir el galardón fue el congresista Tom Lantos, el único superviviente del holocausto, elegido miembro de la Cámara de representantes de Estados Unidos, donde se había caracterizado por su defensa de los derechos humanos.

Todo el mundo guardó silencio cuando el presidente George Bush y su esposa Laura entraron en la habitación. El presidente Bush subió al estrado y comenzó su alocución a los reunidos para presenciar la ceremonia.

Bienvenidos a la Casa Blanca con motivo de este acto que promete ser gozoso. Sr. vicepresidente, juez del Tribunal Supremo Scalia, miembros de mi gabinete y administración, miembros del Congreso, galardonados con la medalla de la libertad y sus familiares y amigos: gracias por venir. Para Laura y para mí es un honor recibirles aquí. La medalla de la libertad es la más alta condecoración civil que puede conceder un presidente. Es un galardón que reconoce a personas excepcionales que han liderado sus respectivos campos de actividad, llevado vidas llenas de visión y temple, y realizado contribuciones especialmente meritorias a nuestra nación y al mundo. Hoy añadimos a esa selecta lista los nombres de seis extraordinarios estadounidenses.

La historia de nuestro primer galardonado comienza en un barrio pobre del corazón de Detroit. Un ambiente en el que muchos jóvenes sucumben a la pobreza, el crimen y la violencia. Durante un tiempo, el joven Ben Carson siguió ese mismo camino. Sin embargo, gracias a su fe y a su familia, pudo dar a su vida un giro que le llevó en una dirección completamente diferente. Actualmente, el Dr. Carson es uno de los neurocirujanos más importantes del mundo. Se le conoce por su exitosa labor en la separación de siameses y su habilidad para controlar las convulsiones cerebrales. También se ha esforzado en ser una influencia inspiradora para los jóvenes; él y su esposa Candy han fundado una organización que ofrece becas a estudiantes de todo

Estados Unidos. Aquel niño de Detroit al que se le presentaba un sombrío futuro, se ha convertido en un erudito, un médico y un líder.

A Ben le costó interiorizar que se encontraba sentado en la Casa Blanca escuchando al presidente de Estados Unidos decirle a él y a su familia todas aquellos reconocimientos. Estiró el brazo y tomó la mano de Candy entre la suya.

—Ben habría sido el primero en decirles que esta extraordinaria historia no habría sido posible sin el apoyo de la mujer que lo crió y que hoy se encuentra a su lado. Sencillamente, algunas madres son como fuerzas de la naturaleza, que jamás aceptan un no por respuesta —El presidente hizo una pausa para que la gente pudiera reírse. Ben miró de reojo a su madre, que también reía. Después el presidente Bush continuó diciendo—:

Puedo entenderlo. La madre de Ben Carson tuvo una vida llena de desafíos. Se casó a la edad de trece años y, finalmente, tuvo que criar sola a sus dos hijos. Hizo de su educación su más alta prioridad. Todas las semanas sus hijos tenían que tomar prestados libros de la biblioteca y escribirle un informe sobre su contenido. Se los devolvía con una marca de verificación, como si los hubiese revisado, ocultando el hecho de que no podía leerlos. Incluso en los momentos más duros, siempre alentó los sueños de sus hijos; nunca permitió que se viesen como víctimas, nunca se dio por vencida. Nos llena de emoción que se encuentre entre nosotros. Sonya Carson, bienvenida a la Casa Blanca.

Ben ha declarado que uno de sus modelos es Booker T. Washington, quien ha inspirado a millones de personas y fue uno de los primeros líderes afroamericanos que visitó este lugar como invitado de un presidente. Hace poco más de un siglo que caminó por esta misma habitación. Hoy, Ben Carson sigue sus pasos de muchas maneras. Su vida se conduce conforme a las palabras pronunciadas en cierta ocasión por aquel gran hombre: «El carácter, y no las circunstancias, es lo que hace al hombre». Ben, tú has demostrado tu carácter a diario, a través de tu forma de vivir, del cuidado que provees a los demás, y de la familia que has puesto en el centro de tu vida. Murray, B.J. y Rhoeyce, sé lo orgulloso que su padre está de ustedes, y me encanta que tengan la oportunidad de ver lo orgullosa que nuestra nación está de él. Por su habilidad como cirujano, sus altos estándares morales y su dedicación a ayudar a los demás, tengo el honor de conceder la medalla presidencial de la libertad al Dr. Benjamin S. Carson Sr.

Fue un día maravilloso para Ben, que se sintió feliz de que su madre, su esposa y sus hijos pudiesen compartir con él esa experiencia.

Un año después, en el 2009, el libro *Manos prodigiosas* fue adaptado para la televisión en una película protagonizada por Cuba Gooding Jr. en el papel de Ben. Se emitió coincidiendo con el mes dedicado a celebrar la historia negra. A Ben le parecía increíble que se le incluyese entre los grandes hombres y mujeres de raza negra sobre cuyas vidas había leído durante su infancia y juventud. Ben estaba orgulloso del mensaje que transmitía la película y esperaba que pudiese inspirar a muchos jovencitos a tomarse su educación en serio; de hecho, redobló sus esfuerzos de recaudación para el Fondo de becas Carson.

Éste había entregado más de mil becas por valor de mil dólares cada una a lo largo de los cincuenta estados de la unión. Además, gracias al Fondo de becas Carson, se habían instalado salas de lectura en muchos colegios situados en zonas de bajos ingresos. Las salas de lectura eran espacios alegres, llenos de libros y dotados de un mobiliario muy cómodo, donde los niños ganaban puntos por cada libro leído, puntos que, después, podían canjear por regalos.

Por entonces, la vida de Ben había cambiado en muchos aspectos. Sus tres hijos estaban casados. Murray era ingeniero, como Curtis, el hermano de Ben; en cambio, B. J. y Rhoeyce habían escogido carreras relacionadas con las finanzas. Al no vivir con sus hijos, Ben y Candy tenían más tiempo para estar juntos, así que decidieron escribir un libro en común. Hasta aquel momento Ben había escrito su autobiografía y algunos libros de autoayuda, pero el libro publicado en 2012 fue muy diferente. Se tituló *America the Beautiful: Rediscovering What Made this Nation Great*, y consiguió llegar a lo más alto de la lista de libros más vendidos del *New York Times* en tres categorías diferentes, lo que hizo que recibiera una avalancha de solicitudes para dar conferencias.

Ben escogió el 2 de julio de 2013 para retirarse de su puesto en el Johns Hopkins. Era el treinta y seis aniversario del día que se había unido al equipo del hospital como neurocirujano residente. No le resultó fácil hacerse a la idea de no ir al trabajo todos los días, pero quería retirarse antes de que sus facultades quirúrgicas empezasen a declinar. Además, tenía otros planes. Durante muchos años había aceptado todos los compromisos para hablar en público que había podido, al tiempo que realizaba unas quinientas operaciones de cerebro al año. Había hablado en cientos de colegios, universidades, iglesias, asociaciones, e incluso en un segundo Desayuno nacional de oración a comienzos del 2013. Ahora se proponía alcanzar a un público incluso mayor.

El mensaje que deseaba transmitir era sencillo: «Me gustaría que al conocer la historia de mi vida, la gente pudiera comprender que cada uno de nosotros es el principal responsable de lo que ocurre en nuestra vida. No es el ambiente, no es la gente que te rodea y que trata de ayudarte o de impedirte avanzar. Es lo que tú decides hacer y la cantidad de esfuerzo que dedicas a conseguirlo».

Carson, Ben, and Cecil Murphey. *Manos prodigiosas: La historia de Ben.* Miami: Editorial Vida, 2009.

Carson, Ben, and Cecil Murphey. *Piense en grande. ¡Libere su potencial de excelencia!* Grupo Nelson: 1994.

Carson, Ben, and Gregg Lewis. *The Big Picture: Getting Perspective on What's Really Important in Life.* Grand Rapids: Zondervan, 1999.

Para reunir la información necesaria para escribir este libro, también se consultaron fuentes disponibles en Internet.

Janet y Geoff Benge forman un equipo de autores con una experiencia de más de treinta años. Janet fue maestra de escuela primaria. Geoff es licenciado en historia. Ambos son naturales de Nueva Zelanda y prestaron diez años de servicio a Juventud con una Misión. Tienen dos hijas, Laura y Shannon, y un hijo adoptivo, Lito. Residen cerca de Orlando, Florida.